W0411375

OCCASION

GIBERT JOSEPH

SUMER

Sylvie-E. Saliceti

SUMER

FLORENT MASSOT

Du même auteur :

Le Silence des orfèvres,
Grand prix de poésie 2007
de l'Association internationale des Belles-Lettres.

À paraître :

Lettres tibétaines

ISBN : 978-2-916-54637-7
Tous droits de traduction, de reproduction et d'adaptation
réservés pour tous pays

© Éditions Florent Massot, 2009.

À Christian,
Marie,
Jean-Baptiste.

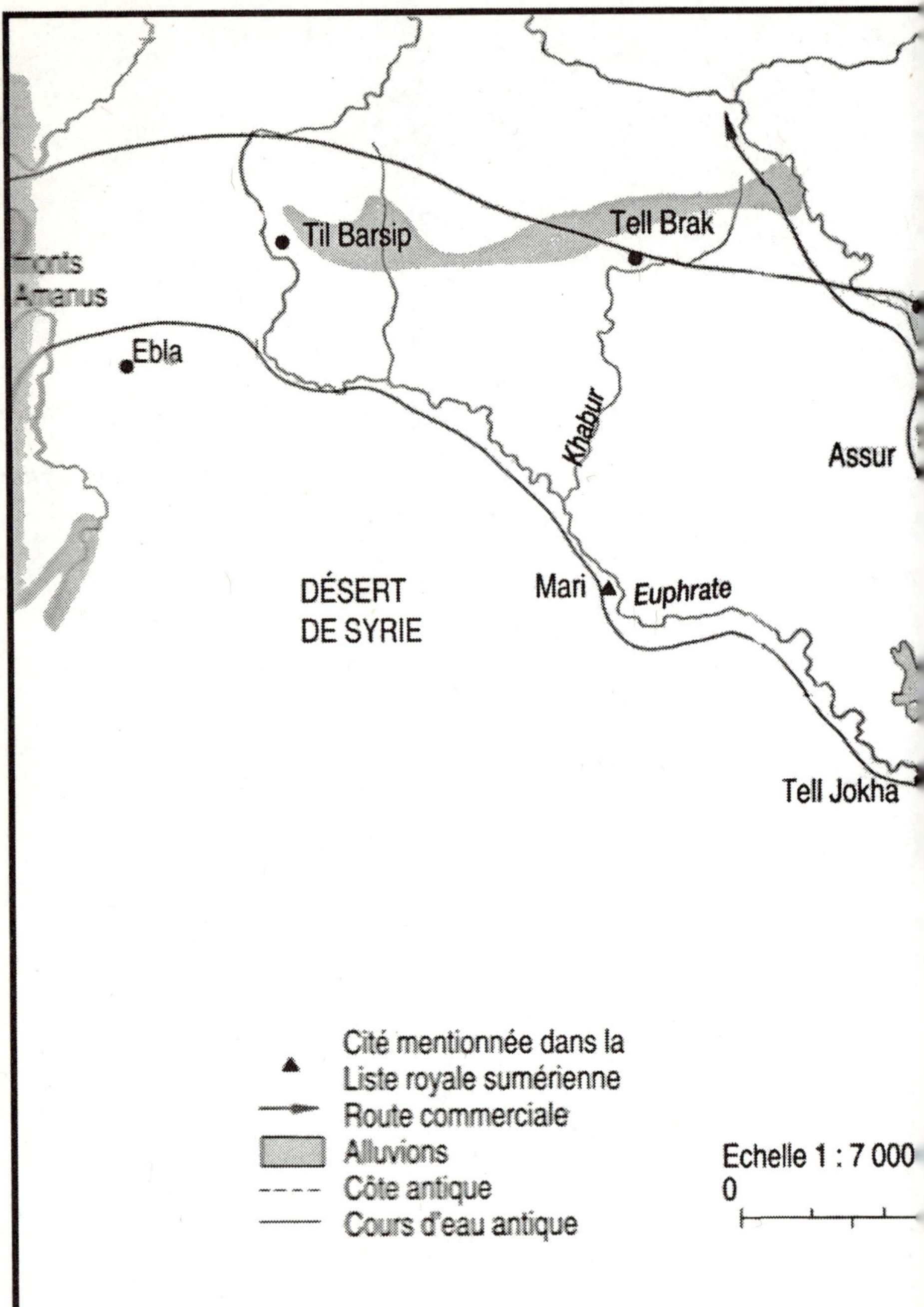

Sumer, Aratta et les cités de la liste royale sumérienne

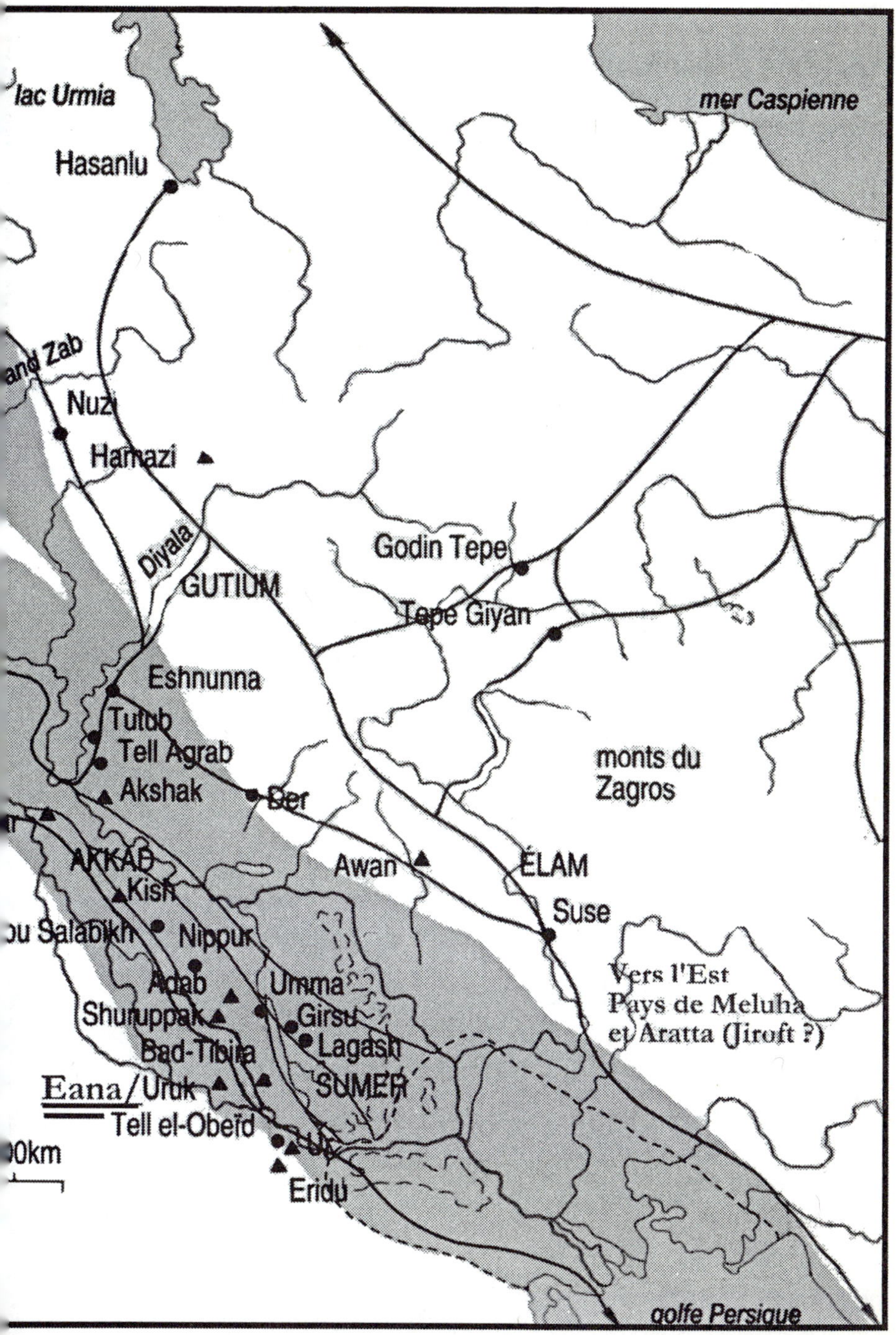
lac Urmia
mer Caspienne
Hasanlu
and Zab
Nuzi
Hamazi
Diyala
GUTIUM
Godin Tepe
Tepe Giyan
Eshnunna
Tutub
Tell Agrab
Akshak
Der
monts du
Zagros
AKKAD
Awan
ÉLAM
Kish
Suse
u Salabikh
Nippur
Vers l'Est
Pays de Meluha
et Aratta (Jiroft ?)
Adab
Umma
Shuruppak
Girsu
Lagash
Bad-Tibira
SUMER
Eana/Uruk
Tell el-Obeïd
Ur
Eridu
0km
golfe Persique

Préface

Le destin d'une enfant dont la vie bascule, brisée par la violence aveugle de la guerre. Des complots ourdis dans l'ombre. Des familles déchirées. Un monarque à l'heure de sa chute, abandonné de tous et qui se fait narrer par un scribe anonyme, dans un recoin de son palais, la geste héroïque de ses ancêtres alors que l'ennemi est à ses portes.

Voici un conte comme on aime à les entendre et qui n'est pas sans évoquer *Les Mille et Une Nuits*, les palais de Bagdad et la voix chaude de Shéhérazade. Sylvie Saliceti s'inspire très librement de vieilles épopées sumériennes et de misérables lambeaux de chroniques pour rendre un hommage appuyé, exprimé finement et tout en délicatesse, à l'antique civilisation sumérienne disparue voici plus de quatre mille ans !

Elle choisit son terrain, celui de la fiction, à distance des lourdeurs de l'érudition académique, pour évoquer quelques faits saillants qui l'aident à tisser la trame de son action. On devine, en filigrane, tout au long de son ouvrage, son admiration pour ce vieux peuple qui inventa l'écriture avant tous les autres. Dans cette aventure, en effet, les Égyptiens sont seconds. Son admiration, aussi, pour une société qui a su, par-delà les guerres et les carnages, tourner son regard vers les autres, les nomades qui ne partageaient pas le même mode de vie que les citadins, et tous ceux, plus généralement, qui ne parlaient pas la même langue qu'elle. Les Sumériens et les Akkadiens, une population de langue sémitique, fournirent ensemble, dès avant le IVe millénaire avant notre ère, un socle duel et stable où se bâtit une culture métisse qui perdura pendant plusieurs longs millénaires, jusqu'aux premiers siècles de notre ère. Dans ce temps long de l'histoire, des alluvions disparates de populations variées entrèrent en contact, communiquèrent et se mélangèrent, donnant naissance à une culture qui se présente comme un palimpseste, une écriture commune qui en réinterprète plusieurs autres.

Le beau livre que nous offre Sylvie Saliceti contribue, à sa manière, à faire revivre dans les mémoires le souvenir de cette antique humanité. Il est d'autant plus précieux qu'aujourd'hui, sur les rives du vieil Euphrate, des hommes livrent une seconde fois Sumer à la mort, par le pillage systématique des sites archéologiques, la destruction et la dispersion d'une part importante du patrimoine de l'humanité.

Jean-Jacques GLASSNER

Jean-Jacques Glassner est un historien français né en 1944 à Bischwiller (Alsace), spécialiste du monde mésopotamien, il a enseigné l'assyriologie aux universités de Genève, de Poitiers, de Strasbourg, de Jérusalem.
Il est enseignant à l'École des hautes études en sciences sociales (EHESS), également chercheur au CNRS.
Ses recherches ont porté plus spécifiquement sur l'écriture cunéiforme. Il a traduit et commenté des tablettes retrouvées à Uruk. En 2006, paraissait sous sa direction la version anglaise du Dictionnaire archéologique de la Bible (Paris, Hazan).

Avant-propos

« On dit de l'Afrique qu'elle est le continent oublié. L'Océanie, c'est le continent invisible » (Jean-Marie-Gustave Le Clézio, *Raga*). Sumer, elle, serait la terre innommée. Innommée car chez les Sumériens – peuple dont on ignore d'où il venait quand il s'installa en Mésopotamie – tout ce qui n'avait pas de nom était considéré comme n'étant pas encore né. Le nom faisait la force et la réalité des choses.

Or l'idée de ce livre est venue ainsi : nombreux aujourd'hui sont ceux qui ont oublié jusqu'au nom de « Sumer », lequel pourtant murmure comme le commencement du monde. Une civilisation qui nous a forgés si puissamment semble ne mériter que notre oubli.

Partant, l'enjeu était celui-ci : raconter la naissance de l'écriture à Sumer.

C'est entendu donc : l'action se déroule à Sumer au temps que les archéologues définissent comme celui de l'invention de l'écriture, soit entre 3 400 et 3 300 ans avant notre ère, entre Tigre et Euphrate, en Mésopotamie méridionale, soit dans le sud de l'Irak.

Le moment historique précis de l'invention de l'écriture est une lisière : entre oralité et écrit, entre préhistoire et histoire, entre mythologie et littérature, entre récit légendaire et récit biblique. Pour parfaire d'ailleurs cette référence à la Bible qui évoque – c'était incontournable – l'influence considérable de cette civilisation sur l'Ancien Testament, on pourrait dire au fond que Sumer tient en une allégorie de la phrase première de son livre premier (*Berechit* en hébreu) : « Au commencement... était le Verbe. »

Dès lors, l'originalité, la force, et l'exigence formelle du sujet étaient intrinsèques au sujet lui-même : leur entrée dans l'histoire (« l'histoire est née à Sumer ») marquant au même moment l'entrée des hommes en littérature, les points de vue – archéologique et littéraire – devaient se fondre, s'entrelacer, se nourrir avant d'initier une séparation. Ce cheminement évoque la façon dont l'humanité a commencé à grandir, passant dans la douleur du « temps des dieux » au « temps des hommes ».

Non, je n'aurais jamais soupçonné que faisant le récit d'une oubliée, une si belle aventure m'attendait, découvrant une terre double en réalité : une terre archéologique autant que littéraire.

Donnons quelques repères.

Lieu de l'action : les deux cités d'Uruk (Eana à l'origine) et d'Aratta

Uruk : une des villes archaïques sumériennes les plus importantes, créée au IVe millénaire avant notre ère, célèbre notamment pour « sa maison du ciel » (Eana), le quartier des temples réservé à l'élite sociale. Le nom moderne du tell d'Uruk est Warka, situé à 270 km au sud de Bagdad, et 20 km à l'est du cours actuel de l'Euphrate. Cette ville est si emblématique qu'elle a donné son nom à une période archéologique elle-même découpée en plusieurs phases. C'est à Uruk que l'on trouve les plus anciennes – et nombreuses – attestations de l'écriture, et des monuments tels qu'ils font d'elle la plus imposante cité urbaine de cette période connue à ce jour. Uruk est née, selon la tradition, de la réunion de plusieurs bourgades voisines, dont Eana et Kullab. Eana, où demeurent les rois Meski'ag-gašer, Enmerkar puis la reine Irnini, est le nom du quartier sacré qui occupe le centre de la ville d'Uruk, d'abord placé sous le patronage d'An (dieu du Ciel et père des dieux), avant de devenir un sanctuaire dédié à Irnini. Kullab restera davantage affectée aux artisans.

Aratta : la localisation d'Aratta pose à ce point problème que non seulement à ce jour personne ne prétend savoir où la ville se trouve avec certitude (en Iran pour certains ; jusqu'à l'actuel Pakistan pour d'autres, non loin de l'Indus), mais encore comme Magan ou Dilmun il semble que la localisation ait bougé, ce qui fait même dire à certains que la cité d'Aratta est légendaire. Le seul indice dont nous disposions est un environnement montagneux proche, et une localisation à l'Est. Le récit romancé a forcément opté pour un parti pris. Il a pris celui de fouilles récentes, tout à fait sérieuses, qui ont cru découvrir Aratta à Jiroft, dans le sud-est iranien, près de la rivière Halil. Il se pourrait bien qu'Aratta effectivement soit un site archéologique majeur, chaînon jusque-là manquant entre la Mésopotamie et l'Indus. À Jiroft, il faudra vingt années pour dégager un temple pour l'heure complètement recouvert, et dont on sait à ce jour seulement qu'il promet d'être gigantesque.

L'action : l'invention de l'écriture telle que relatée par les Sumériens eux-mêmes. Sources : Fragments de tablettes (épopées d'Enmerkar ; manuscrit G dit *Chronique de la monarchie Une* ou encore *Liste royale sumérienne*).

Listes royales : les listes de souverains et de dynasties – comportant la chronologie, le nom des rois et le temps respectif de leur règne – sont un élément archéologique essentiel pour la compréhension de l'histoire sumérienne, dont toute la durée est d'ailleurs couverte par ces tablettes, y compris celle concernant les rois mythiques d'avant le déluge. Concernant ces dernières tablettes, c'est alors de la *Chronique de la monarchie Une*, aussi appelée *Liste royale sumérienne*, dont il s'agit. Elle est entre toutes la plus fameuse des listes royales. (Voir *Chroniques mésopotamiennes*, tablettes traduites et commentées par Jean-Jacques Glassner, p. 137 *sqq.*) Cette *Chronique* commence par la célèbre formule : « La royauté étant descendue du ciel… », puis retrace finalement l'entière chronologie de la monarchie de Sumer, depuis les origines jusqu'à la fin du premier cycle d'Isin. On dispose d'une quinzaine de copies de cette liste-chronique – que les archéologues ont classées de A à O – et qui proviennent des principaux sites de Mésopotamie. Il faut avoir conscience que la plupart ne sont que des fragments de tablettes, parfois scolaires, voire des morceaux de cylindre perforé. Bref, des bouts d'argile tour à tour polis, ensablés, recouverts, embourbés, cassés par le temps et les hommes, parfois traités comme de vulgaires ruines, abandonnés, puis miracle... quelquefois exhumés, traduits puis commentés. Or ce ne sont rien moins que les origines de l'humanité qui dorment sur ces bouts de terre séchés. La langue de la *Liste royale sumérienne* ou *Chronique de la monarchie Une* est le sumérien, quoique certaines interventions plus tardives de scribes akkadiens soient perceptibles ici ou là, par des expressions akkadiennes. La liste-chronique a été dressée pour les uns par Utu-Hégal (roi d'Uruk auquel succédera Ur-Nammu, le premier roi de la troisième dynastie d'Ur plus communément appelée « Ur III »), pour d'autres sous la première dynastie des rois d'Isin (dont le premier fut justement Ishbi-Erra) et qui pour cette raison revêt un caractère idéologique certain, selon le sentiment partagé par les historiens. Cette liste en effet avait des fins de justification politique : les rois d'Isin voulaient y être présentés comme les dignes héritiers des empereurs de la charismatique dynastie d'Ur III. Voilà pourquoi de façon certaine, il faut lui accorder une portée historico-littéraire, c'est-à-dire associant des données tant historiques que légendaires, ce qui fait dire à Jean Bottéro qu'elle est un « résumé plus ou moins fantastique de l'histoire ancienne du pays [...] faisant état de personnages antiques ayant vécu jusqu'à soixante-quatre mille huit cents ans ! ». La *Liste royale sumérienne* repose sur l'idée qu'Enlil, le dieu du vent, a accordé la souveraineté à tour de rôle à chaque cité, dont le roi avait en charge dès lors la destinée du « pays ». Ainsi, avant puis après le déluge se succèdent plusieurs villes pour assumer la royauté sur Sumer, dont Uruk. Commençant donc par exposer que « la royauté est descendue du ciel », l'ambition qui se fait jour dans ce texte est grande : relater toutes les dynasties ayant régné sur Sumer et ce depuis les temps mythiques. Si la partie finale de la liste est conforme à la réalité historique (notamment concernant la succession d'Akkad, de Guti, d'Ur III, d'Isin), il n'en demeure pas moins que les premiers rois – sans doute par l'effet d'une tradition orale lointaine – sont crédités de durée de règnes impossibles. Il n'empêche : Enmerkar, Meski'ag-gašer, Ninpirrigaldim ou Gilgamesh sont sans doute des personnages authentiquement historiques dont la mémoire a simplement été glorifiée par la poésie épique, poésie dont les Sumériens pourraient avoir eu l'intuition dans le temps même où ils inventaient l'acte d'écrire.

Des personnages historico-légendaires

Il n'est pas exclu du tout que la plupart aient existé même si leurs actions sont relatées à la façon d'une épopée par les tablettes retrouvées. Seule Šum-usur est un personnage totalement inventé, nulle part mentionnée par aucune tablette.

• DUB-SAR : « Le titre de scribe, dub-sar en sumérien, tupsharrum en akkadien, un terme qui signifie proprement "aller vite et droit sur une tablette" et souligne la compétence de son détenteur, entre en usage alors que les premières bibliothèques font leur apparition, dans des temples mais aussi dans des demeures privées, comme si l'élite sociale en tirait une distinction. En l'état actuel des connaissances, ce phénomène se produit près d'un millénaire après l'invention de l'écriture » (Jean-Jacques Glassner, *Des dieux, des scribes et des savants. Circulation des idées et transmission des écrits en Mésopotamie*, p. 500).

• MESKI'AG-GAŠER : premier roi de la première dynastie d'Uruk après le déluge, il est le fils d'Utu. Dans la chronique dite *Chronique de la monarchie Une*, traduite et commentée par Jean-Jacques Glassner, p.139, la tablette nous informe en ces termes du destin de Meski'ag-gašer : « Dans Eana, Meski'ag-gašer, fils d'Utu, fut seigneur et fut roi ; il régna 325 ans ; Meski'ag-gašer entra dans la mer et disparut » (mot à mot : « il entra dans la mer et gravit la montagne », l'expression « gravir la montagne » étant une image pour évoquer la disparition ou la mort.). La tablette aussitôt poursuit : « Enmekar, fils de Meski'ag-gašer, le roi d'Uruk, celui qui fonda Uruk, fut roi ; il régna 420 ans. »

• ENMERKAR, seigneur d'Eana (qui plus tard deviendra Uruk) attesté aussi sous la forme Enmekar : la *Liste royale sumérienne* le crédite d'un règne de quatre cent vingt ans. Deuxième roi de la première dynastie d'Uruk après le déluge, où il succède à son père Meski'ag-gašer – lui-même fils du dieu Utu. Marié à Irnini (Inanna ou Ishtar), il est le héros de l'épopée « Enmerkar et le seigneur d'Aratta » – mise en forme littérairement sous la dynastie d'Ur III – dans laquelle est relatée la lutte des deux seigneurs pour une femme – Irnini ou Inanna en sumérien, Ištar en akkadien – à laquelle ils ont tous deux droit du fait de leur titre de roi prêtre. Enmerkar et Ensuhgirana pour cette raison s'affrontent dans une lutte incessante. Au fil de cette opposition, sa supériorité intellectuelle conduira Enmerkar à inventer l'écriture. Ce récit est donc fondamental en ce qu'il offre l'explication – par les Sumériens eux-mêmes – des modalités selon lesquelles ces inventeurs historiques de l'écriture relataient leur invention, leur rapport narratif mêlant historicité et mythologie. L'idée largement admise et partagée selon laquelle l'écriture est née pour répondre aux besoins de la comptabilité peut induire une autre question : l'acte d'écrire n'offrait-il pas aussi le breuvage d'une soif plus élevée ? Une soif de littérature et de spiritualité ? La fin du récit sumérien est malheureusement perdue, puisque les fouilles ne nous ont honorés que de fragments, incomplets ou en mauvais état.

• ENSUHGIRANA : seigneur d'Aratta dans l'épopée rapportée ci-dessus « Enmerkar et le seigneur d'Aratta ».

• IRNINI (ou INANNA) est sumérien, signifiant « Dame du ciel » ; Ištar est sémitique. C'est une divinité composite, à la fois déesse sumérienne de « l'amour libre », puis divinité sémitique de la discorde et de la guerre. Un de ses hauts lieux se trouvait à Uruk, dont elle était la déesse tutélaire. Toutefois elle était vénérée par tous au sein de sanctuaires qui lui étaient dédiés un peu partout dans le pays. Son importance a été telle qu'elle a fini par absorber la plupart des autres déesses. Elle est une déesse paradoxale donc, marquée par l'amour et la guerre, un matriarcat parfois tyrannique et la hiérogamie (cérémonies de mariages sacrés).

• NINPIRIGGALDIM est historiquement l'Apkallu d'Enmerkar : « Le dépositaire du savoir, en Mésopotamie, est un "sage", le détenteur d'une "sagesse", cette façon de connaissance révélée des choses qui ouvrent la voie à la vérité. En sumérien, ce personnage est appelé abgal ou ummea, deux termes que l'akkadien emprunte sous la forme apkallu et ummiânu ; ils signalent tout détenteur d'un savoir spécialisé, scribe, arpenteur, artiste ou artisan » (Jean-Jacques Glassner, *La Mésopotamie*). Quant à la définition de Jean Bottéro, elle est celle-ci : « désignation d'origine sumérienne des sept « Sages », héros civilisateurs envoyés par Enki pour enseigner la culture aux habitants archaïques. » Ainsi, sortis de la Mer pour révéler aux hommes la science, les arts et les techniques, les apkallu sont détenteurs d'un savoir primordial qu'ils tiennent essentiellement du dieu Enki.

• NISABA-ŠUM-USUR : personnage totalement inventé pour les besoins du présent roman. Les Sumériens choisissaient parfois le nom d'un enfant de la sorte, en accolant le nom d'une divinité avant le nom principal. La divinité était censée protéger l'enfant. En l'occurrence, Šum-usur signifiant « Protège son nom », le nom complet de ce personnage signifie : « Nisaba protège son nom ». On voit ici un nouvel indice de l'importance qu'il y avait dans le nom des choses, le nom étant animé d'une vie en soi.

Ce livre est simplement un « honnête travail d'artisan » selon le mot de Brancusi, et son ambition réside en ce qu'en le refermant le lecteur soit porté par deux désirs : outre celui de découvrir plus avant « le mystère sumérien », qu'il ait une inclination à se ressourcer à la poésie mère. Le récit frôle délibérément parfois la prose poétique, car c'est aussi elle le but du voyage. Depuis Gilgamesh, la poésie n'a-t-elle pas cessé au fond de tresser toujours le même fil d'Ariane en autant de couleurs que d'auteurs ? Homère, Dante, Rimbaud, Aragon, Eluard, les *Élégies de Duino* de Rainer Maria Rilke, le bleu de Jean-Michel Maulpoix, l'*Exil* de Saint-John Perse : la force de ces poètes soufflaient déjà sur la surface rouge des tablettes d'Enmerkar.

Enuma elish… : lorsqu'en haut, le ciel n'avait pas été nommé, et qu'en bas, la terre n'avait pas reçu de nom.

Épopée de la création, ainsi appelée par son incipit.

Les Mésopotamiens croient en l'identité de nature et d'essence entre le nom et ce qu'il désigne ; le réel est assigné dans le terme qui l'exprime, un être ou une chose n'arrivant à l'existence qu'une fois nommés. […] Ainsi sont définis d'un mot l'essence et le destin de l'homme : il est fait d'argile et de sang […].

Jean-Jacques GLASSNER,
La Mésopotamie

L'humanité des vivants est le chaos des rues et des grands fleuves, du désert avec ses fauves, et des champs avec leurs moissons : le peuple des statues est celui des temples, délivré du chaos à l'égal de la géométrie des murailles et de la céramique.

André MALRAUX

Simple mortelle, grande souveraine, femme de roi, déesse même, le masque d'Uruk est digne de chacun de ces personnages. Il pourrait être l'un ou l'autre. Il est en définitive la synthèse de tous. […] Héritage émouvant, mais bien lourd. Comment les hommes de l'Histoire recevraient-ils ce legs et qu'en allaient-ils faire ?

André PARROT,
Sumer

2004 avant notre ère, palais du roi Ibbi-Sîn.

À l'extérieur des remparts, les soldats élamites préparent leur assaut. La tradition rapporte en effet que c'est un raid élamite qui mit fin à l'empire dit de la IIIe dynastie d'Ur (en abrégé Ur III) en 2004 avant notre ère. Ibbi-Sîn le dernier roi d'Ur, assis sur le trône attend, seul, l'issue fatale, en scrutant le rivage.

TABLETTE 1

Au crépuscule, j'ai traversé le soleil rouge qui chauffait les pavés blancs claquant sous chacun de mes pas dans la cour du palais. Entre les hautes colonnes, je marchais cœur battant : « Dub-sar [1], je suis Dub-sar, le scribe de la lignée : j'ai en moi la force des apkallu [2] ! »

1. Dub-sar : scribe.
2. Apkallu : le dépositaire du savoir, en Mésopotamie, est un « sage », le détenteur d'une sagesse, cette façon de connaissance révélée des choses qui ouvrent la voie à la vérité. Sortis de la mer pour révéler aux hommes la science, les arts et les techniques, les *apkallu* sont détenteurs d'un savoir primordial qu'ils tiennent essentiellement du dieu Enki.

Mon destin ce soir portait le nom d'un roi : Ibbi-Sîn. Je vouais tout mon respect, tout mon amour à ce souverain dont l'empire du roseau demain fumerait comme cendres aux vents de Sumer.

Dans sa chambre, j'entrais à pas de loup, arrivant par l'arrière. Au bas des montants du trône tournés vers la mer, les vagues – quoique lointaines à vol d'oiseau – paraissaient venir lécher les pieds du roi dont les orteils dépassaient sous l'étoffe unie de sa robe. Puis leur furie calmée, les vagues refluaient. Je m'approchais. Ibbi-Sîn, assis, offrait son visage à la lumière, les bras ramenés sur sa poitrine comme un orant[1] faisant l'offrande aux dieux. Yeux fixes, sourcils en arcades larges, pommettes saillantes, menton carré et lèvres serrées : tout dans ses traits exigeait qu'aucun ordre jamais ne soit discuté. Sa tiare, de forme haute et cylindrique, enserrait son front et donnait à son crâne un aspect de galet rond et lisse. Sa barbe retombait sur son poitrail comme en boucles de marbre. Seul le tombé du vêtement laissant l'épaule et le bras droit dénudés, puis mourant en drapé au côté gauche, offrait un peu de fluidité féminine à ce portrait de roche.

Sans doute perçut-il ma présence car la voix d'Ibbi-Sîn retentit à l'instant où je franchis le pas de la porte :

– Dub-sar, regarde… Vois-tu le monde finir ?

– Maître, tout ne va pas si mal !?

---

1. Orant : du latin orare, prier. Personnage représenté les bras levés ou les mains jointes dans l'attitude de la prière (synonyme : adorant). Le terme s'emploie souvent concernant les statues mésopotamiennes, justement, ou minoennes. Quant aux personnages agenouillés et en prière représentés sur les tombeaux du Moyen Âge et de la Renaissance, on les nomme plutôt « priants ».

– En venant, n'as-tu pas rencontré des misérables ?

– Oui, un peu partout.

– Ils s'agrippaient à toi, mendiant ici un bol de lait, là un fruit, un pain d'orge ou de joie ? N'est-ce pas qu'ils s'accrochaient à ton manteau ?

– Certes, mais cela ne suffit pas d'un coup à nous projeter face à l'abîme !

– Détrompe-toi. Et puis ce n'est pas tout : Ishbi-Erra a interdit que les vivres soient acheminés dans l'enceinte de la ville. Ur est une ombre affamée et, la dépêche vient d'arriver, l'ennemi a pris le contrôle d'Isin et de Nippur. Les troupes élamites, en d'autres points du pays, nous tournent autour. Les Amorrites nous convoitent ; tous des corbeaux prompts à dépecer leur proie ! Déjà le soleil plonge dans les fleuves, déployant sa nuit tel un rideau que tendent mille mains d'étoiles. Voici venus nos derniers crépuscules… Tu vois ces soldats là-bas, postés aux contreforts de la plaine ?

– Oui, Ensi[1].

– Ils attendent de venir me trancher la gorge.

Un grand silence soudain. Alors le roi reprit d'une voix douce :

– Comme un crépuscule peut tout devenir… À peine un geste de la lune grise crayonnant le ciel, et voilà tout l'éphémère qui occupe l'univers. Demeurent ceux qu'on

1. Ensi : le mot sumérien Ensi, à partir du IIIe millénaire est à Sumer un titre royal. Bien que porté par des rois, ce titre semble toutefois marquer une situation de dépendance de son détenteur, soit par rapport à une divinité (il sert un dieu qui est seul véritable souverain) soit même par rapport à un autre souverain, l'Ensi étant alors le gouverneur d'un territoire administré pour le compte d'un roi ou d'un empereur.

aime, puis leur mort promise. Ce souffle qui s'accélère. Dans quelques jours, tout à l'heure ou demain, nous ne serons plus rien.

– S'il en est ainsi, Ibbi-Sîn, dans l'aube où tu mourras, je mêlerai mon sang au tien.

– Non, Dub-sar. Justement non ! Surtout pas. Je te veux pour sentinelle. Je vais mourir, toi tu vivras, et tu sais pourquoi ?

– Non.

– Parce que c'est la dernière chose que te demande ton roi.

– Vivre ? La vie est condamnée pour un scribe dont les tyrans bientôt corrompront le calame !

Je me tenais debout, droit derrière mon maître, une main posée sur le dossier du trône, l'autre caressant machinalement mon crâne rasé. L'émotion me submergeait et probablement que le khôl – emporté par mes larmes – devait couler le long de mes joues glabres. Quant à mon torse dont la musculature ferme s'accommodait d'ordinaire de la nudité, il frissonnait à cet instant, jusqu'à en faire trembler les pans du jupon kaunakès[1] tombant à mes pieds. Mon maître me répondit :

– Tu vois juste Dub-sar, les temps qui viennent piétineront le savoir. Les rois d'Isin, et le premier d'entre eux Ishbi-Erra, se serviront du lettré que tu es comme d'un outil de propagande, te commandant de dresser la liste fantoche

1. Kaunakès : nom habituellement donné à un type de vêtements dont les personnages sumériens sont vêtus dans les représentations artistiques faites d'eux ; ce sont des jupes ou robes sous forme de languettes ou de mèches plus ou moins souples en rangées superposées. Il peut s'agir d'une peau de bête encore pourvue de sa toison, d'un vêtement de laine voire de feutre. Il est notable, quoi qu'il en soit, que les matières considérées sont totalement inadaptées au climat de la Mésopotamie méridionale.

des rois de Sumer[1], pourvu qu'ils y figurent en bonne place, dignes héritiers d'Ur. Je ne serai plus là, mais heureusement tu seras ma voix, Dub-sar ; tu veilleras à ce que les tablettes ne mentent pas, même si…

– Même si ?

– Même si les mots de la tablette seront souvent mensonges… Dub-sar, ils déchireront la vérité. Ils diront au peuple : « Ibbi-Sîn ? Ishbi-Erra ? Un roi est parti. Un autre est venu. Regardez : d'un souverain à l'autre l'histoire va droit son chemin ! » Illusionnistes, ils se présenteront comme des initiés, héritiers comme toi des apkallu seuls à même de révéler la connaissance, mais en réalité entre leurs mains, la sagesse sera utilisée comme un alibi. Je les entends déjà ces ignorants tuer le silence du monde par le vacarme de leur orgueil. J'entends. J'entends. Je sens venir l'orage, l'exaltation de la force ; l'innocence des enfants menés vers la guerre. À l'école de la tablette, les écoliers, ceux-là mêmes qui furent tes écoliers, Dub-sar, tes écoliers apprendront que tout vaut tout. Pour finir, rien ne vaudra plus rien. Les tablettes des scribes seront broyées, et bientôt régnera la haine du savoir. Alors en toute beauté, ici sera entrée la tyrannie. Peu à peu, rien ne restera de nous.

---

1. La *Liste royale sumérienne* revêt un caractère idéologique certain, selon le sentiment partagé par les historiens. Cette liste en effet avait des fins de justification politique : les rois d'Isin voulaient y être présentés comme les dignes héritiers des empereurs de la charismatique dynastie d'Ur III. Voilà pourquoi de façon certaine, il faut lui accorder une portée historico-littéraire, c'est-à-dire associant des données tant historiques que légendaires. La liste commence par la célèbre formule : « La royauté étant descendue du ciel… » pour finalement retracer l'entière chronologie de la monarchie de Sumer, depuis les origines jusqu'à la fin du premier cycle d'Isin.

Après un long silence, le roi reprit d'une voix fatiguée :

– Qui pourra, Dub-sar, qui pourra témoigner de ce que fut notre existence ? Qui saura dire comment, entre deux fleuves, notre pays innommé, vivant depuis l'éternité, un jour se fit désigner par ce beau nom de Sumer ? Un nom qui chante comme le fil de l'eau… Dub-sar, tandis que le jour tombe sur mon peuple, pressens-tu combien je compte sur toi, le pressens-tu enfin ?

– À cet instant, Ibbi-Sîn, je ne pressens que ma solitude.

– Dans tes veines, mon enfant, coule le sang des sages de Sumer. Les apkallu ont déposé entre tes mains les Piristu, les secrets des dieux. Ils sont ta force vive ; ils t'aideront…

Je me baissai ; des larmes plein les yeux, je murmurai à mon maître :

– Le coupant de mon calame ne peut repousser la forêt des épées élamites, mais mon roseau s'entend au moins pour faire saigner l'argile. Même si ce crépuscule devait ne jamais être suivi d'une aube pour toi, maître, je te promets, Ibbi-Sîn, que ta légende vivra, et avec toi le nom de Sumer, car je ferai se lever l'aurore sur ma tablette.

– Je savais… J'ai toujours su qui tu étais… mon enfant… Regarde, le soir lézarde le soleil.

Durant le long silence qui s'ensuivit, je songeais que les soldats au matin forceraient les portes du temple pour venir, de leurs mains, donner la mort au dernier roi d'Ur. J'étais sûr toutefois que ces criminels se leurraient : mon maître ne les attendrait pas. Quand ils se rueraient sur lui comme des bêtes sauvages, leur proie se serait enfuie, ou alors ils trouveraient son corps inerte gisant au pied du trône, un poignard dans une main, un sceptre d'or brillant dans l'autre, au centre d'une mare rouge et ronde comme un soleil crépusculaire.

Il me regarda, et en essuyant mes larmes comme un père l'aurait fait, me demanda d'un sourire :

– Il en est ainsi. À l'aurore, je mourrai. Toi tu vivras. Et pour tout adieu entre nous, il reste la splendeur du crépuscule… Ne perdons pas de temps : au fil de cette nuit étoilée, raconte-moi une fois encore… Dub-sar… puis écris ! Raconte Sumer et les semeurs de soleils…

Je choisis un coussin confortable sur lequel je m'assis en tailleur ; sur mes genoux, une tablette d'argile fraîche, puis un calame. Les étoiles qui pleuvaient sur la toile tiède du soir autant que la tendresse de mon cœur m'inspirèrent le récit que voilà, que je narrai à mon maître en même temps que je le gravais :

Le temps que durera notre soirée d'adieu, Ibbi-Sîn, je vais te raconter, te raconter pour la dernière fois, l'histoire de cette terre sauvage, si belle qu'elle avait coupé le souffle au ciel. Terre sans herbe, sans arbres, ne connaissant pas la herse, découvrant la roue et l'irrigation, elle donnait tant de peine aux hommes qui s'épuisaient à la moissonner, lui arrachant comme une conquête ses lopins d'orge, de céréales puis ses roseaux ébouriffés !

Imagine un peu : une terre si rebelle qu'elle n'avait pas de nom. Crois-tu que sur cette plaie vive, sur ce cri oublié, crois-tu que les hommes pouvaient trouver un chemin de lumière dans ce silence oriental ? Dans la nuit de leur cœur, ces braves avaient beau travailler, travailler sans relâche à trouver de la joie, qu'adviendrait-il jamais d'eux ?

Ces pionniers de la terre, Ibbi-Sîn, étaient nés du côté de l'Orient, dans une cité où les statues de marbre blanc avaient été sculptées le visage au soleil et les pieds dans la boue. Ils s'appelaient Enmerkar[1] et Ensuhgirana[2], Ninpiriggaldim[3] ou Nisaba-Šum-usur. Les deux premiers étaient deux rois en guerre ; Ninpiriggaldim le batelier faisait office d'apkallu auprès d'Enmerkar. Quant à Nisaba-Šum-usur, la fille du roi du désert des nomades, après la mort des siens elle servait comme esclave au temple d'Eana.

Puisque tu le demandes, Ensi, voici pour toi la genèse de cette terre innommée où jadis ne poussait que la misère, au temps où ne s'était pas encore répandu le souffle qui donna naissance à Sumer. Voici ces semeurs de joie, leur secret trop lourd et leur masque blanc qui dort sous la colline d'Uruk. Voici les siècles d'avant où les mascarets[4], comme des montagnes d'eau déferlaient, leurs vagues fluviales emportant l'effort des bâtisseurs de chance. L'histoire de ces hommes est la nôtre, nous qui souffrons, n'est-ce pas ? Aujourd'hui comme hier, nous aspirons à nous arracher à la souffrance en éclairant le néant. Quant aux scribes, ils s'attelaient déjà, au milieu de cris éternellement archaïques, à faire surgir des phrases nues de la mer, ne trouvant trop souvent que des mots en bataille et des balbutiements !

---

1. Enmerkar : roi prêtre d'Eana.
2. Ensuhgirana : seigneur d'Aratta.
3. Ninpiriggaldim : apkallu d'Enmerkar.
4. Les mascarets sont des surélévations brutales du niveau de l'eau dans un estuaire peu avant ou peu après la pleine mer sous l'effet de l'onde de marée. Lors des grandes marées en effet, la rencontre du flux montant avec le courant descendant fluvial fait naître une forte vague qui remonte le fleuve à grande vitesse. Le déluge pourrait être apparenté à ce genre de phénomènes.

Voilà pour toi, Ibbi-Sîn, le récit de l'enfantement d'une oubliée : Sumer, édifiée par des semeurs de soleils qui cherchaient la fortune.

Eana[1] *trouvera Tyché*[2] *– quand elle aura un nom.*
Toute fortune est dans le nom qui donne vie aux êtres et aux choses.
Tuppi šimati[3], *tablette aux Destins d'Utu*

1. Eana : la « maison du Ciel » est le nom du quartier sacré qui occupe le centre de la ville d'Uruk, où se trouvait le sanctuaire dédié à Irnini. Eana, en s'unissant à la bourgade voisine de Kullab, plus tard fondera la grande cité d'Uruk.
2. Tyché : fortune, au sens de chance, de destinée chez les Sumériens.
3. Tuppi šimati : « De toutes parts, les dieux intervenaient donc constamment et partout dans la marche des choses, comme les rois dans les affaires de leur royaume. Et comme eux aussi, Ils exprimaient Leurs volontés [...] de même avait-on imaginé une "assemblée" des dieux, en session de laquelle, sous la présidence du roi des dieux, se débattaient et se décidaient les destins de l'Univers, des dieux et des hommes. Le résultat de ces délibérations contraignantes et irrévocables était inscrit, par le « secrétaire du conseil », sur une tablette : la "tablette aux destins" ou Tuppi šimati, laquelle enregistrait ainsi, renforcées et mémorisées à jamais par leur mise en écriture, les volontés "gouvernementales" des dieux. Cette tablette assurait à son détenteur le suprême pouvoir sur l'Univers entier [...] » (Jean Bottéro, *La Plus Vieille Religion*, pp. 189-190).

I
Le temps des dieux

TABLETTE 2

La terre innommée, Ibbi-Sîn, regardons-la d'un peu plus près, veux-tu ? Ainsi nous sommes au temps où la terre n'a pas de nom[1]. Une étendue plane. Un bassin de glaise dont la mer giflait les rives puis refluait, abandonnant derrière elle des entrailles piquées de sel. Tout était là : le rien était le tout puisque rien n'était nommé.

De part et d'autre – où que l'on tournât la tête – la plaine alluviale était cernée : ses frontières la serraient, l'étranglaient même dans un étau de paysages lointains. Tiens, commençons par l'horizon des marais du Sud : imagine une ligne de fuite où se tenaient l'un devant l'autre comme des soldats, au premier plan l'archipel de Dilmun[2] perdu au cœur de la mer inférieure, puis la péninsule de Magan[3] ; enfin tout derrière – après le désert des tentes de nomades bordé par la rivière Halil –, la vallée lointaine de Meluhha au creux de laquelle filait un autre cours d'eau : l'Indus. Observe encore ;

1. « Lorsqu'en haut le ciel n'était pas nommé, qu'ici-bas la terre n'avait pas de nom… ». Poème de la création appelé par son incipit « Enuma elish ».
2. Dilmun : région parfois identifiée à l'archipel de Bahrein, encore que la localisation de Dilmun fasse problème puisque, selon les époques, le terme a dû désigner diverses régions. Les sources antiques mésopotamiennes mentionnent souvent Dilmun, mais avec des indices contradictoires.
3. Magan : péninsule d'Oman.

la vue au nord butait sur le royaume d'Akkad. À l'est aussi, les contreforts des monts Zagros bouchaient l'horizon. Le regard ne rencontrait pas davantage la chance de s'échapper en direction du couchant, barré par le pays des coupeurs de cèdres[1] et le royaume de Passim[2], en arrière-fond desquels se réfugiaient les montagnes du Taurus.

Tout emprisonnait la plaine. Même les fleuves Idiglat[3] et Buranun[4] qui jaillissaient d'un sommet montagneux par deux grands bras ouverts vers la mer, même ces fleuves frères aussitôt se refermaient en berceau. Cette terre nue était une perle coincée dans sa coquille. Une lumière, un nourrisson.

Et le levant, objecteras-tu ? Le levant s'ouvrait certes vers le pays d'Élam[5] au pied duquel s'étalait l'infini du désert des tentes de nomades sur la route de Suse qui menait au pays de Meluhha[6], mais aussitôt pour buter sur les sept montagnes bleues où Ensuhgirana gouvernait la cité d'Aratta. Aratta était faite d'or, d'étain, et de pierres précieuses, se vantait le seigneur Ensuhgirana afin d'éveiller l'intérêt de la reine Irnini. Au point, prétendait-il, que les montagnes regorgeant

1. Pays des coupeurs de cèdres : Liban.
2. Passim, royaume de Syrie actuelle.
3. Idiglat : nom sumérien du fleuve Tigre.
4. Buranun : nom sumérien du fleuve Euphrate.
5. Élam : plateau Iranien où il y a quelques probabilités pour que se soit trouvée la cité historique d'Aratta.
6. Meluhha : vallée de l'Indus. Les trois noms (Magan, Meluhha, et Dilmun) sont souvent associés comme les provinces qu'atteignaient les marchands par voie de mer lorsqu'ils s'en allaient pour leur commerce. À la lecture de nombreux textes de la mythologie sumérienne, sans doute ramenait-on de ces régions toutes sortes de biens précieux : le bois, le cuivre, la cornaline, le lapis-lazuli… Les inscriptions royales autant que les documents de la pratique confirment eux aussi l'arrivée de bateaux – venus de ces trois destinations – accostant sur les quais de la capitale de Sargon d'Akkad, la coque chargée de richesses.

de lapis-lazuli avaient pris la couleur bleue. Tu vois, Ibbi-Sîn, ce n'est pas d'aujourd'hui ! Nos rêves jadis regardaient vers Aratta, et la guerre déjà menaçait notre entente avec ce richissime royaume où coulait la rivière Halil.

Mais revenons au commencement… Notre royaume était pauvre, c'est entendu. Les débordements récurrents du Buranun et de l'Idiglat auraient été bien en mal d'accoucher d'autre chose que de roseaux coupants. La plaine d'argile rouge s'étalait là, fouettée par les crues capricieuses après lesquelles les habitants descendus des versants de la colline venaient pêcher sur les rivages, ou semer à l'intérieur des terres. En ce début du monde, rien n'était donné d'emblée. Il appartiendrait aux braves d'aller prendre le sel de la terre dans les profondeurs, et n'ayant de cesse de travailler, de déraciner l'âme de la glaise pour qu'enfin poussât un champ de céréales ! Tu vois Ensi, en ce temps primordial, la misère tout simplement avait volé leur souffle aux hommes. Le ventre de l'argile était farouche, sans vergers florissants, ni bois, ni eau douce, ni de ces pierres d'émeraude, d'albâtre ou de jaspe dont Aratta regorgeait. Toutefois, et justement parce que rien n'était donné, l'espoir était permis. Moyennant l'imagination et le courage des hommes, la terre peut-être leur offrirait une récolte, un avenir.

Pour l'heure, en ce début de l'humanité, essaie d'imaginer, maître, que parmi les limons sombres brillaient deux motifs de gloire comme deux diamants bruts. Les vois-tu ? Le premier : la colline de l'Eana, coiffée en son sommet d'un temple en pierre blanche et mosaïque de cônes noirs et rouges, où demeuraient la reine Irnini[1] et le roi Enmerkar.

1. Irnini : reine d'Eana.

C'est l'ensemble des élites sociales et des dieux qui résidaient d'ailleurs près du couple royal dans ce quartier de l'Eana.

Second motif de gloire : il s'agissait d'une cabane campée sur l'île aux Mille-Soleils, elle-même clapotant au milieu des marais. Depuis la colline, on apercevait son toit pointu dépassant d'une tête les roseaux tristes. On l'appelait le Mudhif. Bien que dans la région il serve usuellement de maison pour les hôtes, à Eana le Mudhif servait d'abri aux domestiques rendus aux moissons. Le Mudhif : le petit bonheur des esclaves du temple...

**
*

Voilà... Songes-tu bien, Ibbi-Sîn, qu'hormis ces deux fiertés lumineuses, notre plaine était oubliée d'Enki, le dieu du Me[1] de la fortune – les Me étant l'essence des choses ? Même la pureté de la lumière que nous apercevons ce soir posée là-bas entre les fleuves, même ses rayons d'or ne

1. Me : le concept sumérien de Me est un des plus délicats et des plus discutés. Le plus probablement, ce sont des forces divines, signifiant par là la façon dont les Sumériens appréhendaient l'Univers : le divin s'inscrit partout dans le monde, et le concept de Me qui fait référence à la puissance surnaturelle de l'être rend bien compte de cette vision du réel. À noter qu'un mythe connu sous le nom de « Innana et Enki » raconte comment Irnini, la déesse tutélaire de la ville d'Uruk, se rend à Eridu, la résidence du dieu Enki, seigneur de la sagesse et détenteur à ce titre de toutes les « lois et préceptes divins » : Me du Pastorat, du Baiser amoureux, de la prostitution, de la Justice, de la Calomnie, de la Décision, du Pillage des villes, de la Lamentation, de l'Élevage... Une multitude de Me en réalité qui dresse un bilan des acquis de la civilisation et qui font du dieu qui les détient le dieu le plus puissant, fut-ce au prix d'une soustraction frauduleuse comme la commettra Inanna (Irnini en sumérien).

parvenaient pas à réchauffer les vivants tant le malheur les avait enveloppés de cette carapace qui vêt les pauvres.

À Sumer, en ces temps où le ciel et la Terre n'avaient pas de nom, les hommes cherchaient à grandir ; ils devraient apprendre la liberté et les mots. Tout était là : il restait à ce pays à naître. Il faudrait bien, oui, il faudrait bien graver le chant du monde avant qu'il s'envole.

**
*

Ibbi-Sîn, assis droit sur son trône, toujours offrant son visage à la lumière, toujours face à la mer et les bras ramenés sur sa poitrine n'avait pas bougé à cette évocation. Il sourit à son scribe, lui signifiant qu'il voulait entendre la suite. Mais Dub-sar prit son temps. Si d'habitude il s'exécutait immédiatement, et au premier commandement de son maître, aujourd'hui il s'agissait d'inscrire bien davantage que le décompte d'une transaction de brebis sur une bulle enveloppe, ou d'enfoncer un clou dans la fondation d'une maison pour en marquer la propriété.

Aujourd'hui il engageait l'éternité, et un cérémonial s'imposait. Non sans manifester d'une allure courbée son obéissance à Ibbi-Sîn, Dub-sar se leva. Il avait le visage bien en chair et rond des bienheureux. Sa tête rasée faisait ressortir un grand regard d'enfant auprès duquel rien au monde ne pouvait sembler grave. Ses gestes amples et généreux donnaient un mouvement sensuel aux muscles saillants de son torse sous lequel se répandaient les quatre volants d'étoffe chatoyante de son jupon kaunakès. Dub-sar doucement s'approcha de la statue du grand dieu Sâmâs[1], déposant à ses pieds la tablette – encore fraîche – qu'il venait d'achever.

Ibbi-Sîn le regarda en acquiesçant. Dub-sar alors se rassit en tailleur sur son coussin, puis reprit le cours de son récit, tout en commençant à graver la tablette suivante.

Au moyen d'une pointe effilée de roseau, Dub-sar en honnête scribe s'attelait à son artisanat : imprimer des signes sur de la glaise rouge. Les tablettes gravées seraient ensuite séchées par les rayons du soleil ou par les flammes du four, l'une et l'autre méthode permettant le durcissement de la terre, et partant leur conservation pour mille saren[2].

À Sumer, c'était cela écrire : de l'argile, du roseau et du feu.

---

1. Sâmâs : dieu de la Justice « Le brillant Sâmâs, ta judicature », équivalent akkadien d'Utu.
2. Saren : unité de mesure de temps, un saren approchant 3 600 années.

TABLETTE 3

Irnini, poursuivit Dub-sar, Irnini aimait sa terre natale. Il lui était cruel que son enfant ne puisse y naître, mais elle devait s'enfuir puisque personne au temple, pas même son amant, ne devait apprendre que la maîtresse du prince Enmerkar était enceinte.

Bien que depuis cinq mois elle se fut dérobée parfaitement à la rumeur – au point que nul ne l'avait questionnée sur son teint pâle ou ses nausées –, elle ne pouvait plus aujourd'hui continuer de se cacher sous des voiles flottants : son ventre pointait comme une proue de pirogue ! C'était décidé : au bénéfice du sommeil général, pour peu que la lune soit clémente, Irnini quitterait le palais cette nuit.

C'est ce qu'elle fit. Autour de la lune rose chahutait une corolle d'étoiles. Tout se déroula comme prévu. Le père d'Enmerkar – Meski'ag-gašer [1], qui était seul dans le secret – l'accompagna jusqu'à la grande porte du temple, suivant les couloirs et arcades à l'arrière du palais. Alors que leurs pas s'ordonnaient sur les pavés de la cour latérale, le vieil homme fit mille recommandations à celle qui enfanterait bientôt son petit-fils.

1. Meski'ag-gašer : fondateur et premier roi d'Uruk.

Irnini quitta Eana[1] tandis que les villageois dormaient, confiés aux rêves du soir. La reine se fit l'effet de les abandonner. En s'éloignant des remparts blancs par des chemins dérobés afin que nul ne l'aperçoive, elle ne se retourna pas. Ses larmes roulaient sur ses joues. Enfuie pour quelques semaines comme elle le faisait naguère pour assouvir le désir capricieux d'autres hommes ou d'autres horizons ; comme jadis délaissant tout et ne pensant qu'à elle… À quoi bon se justifier ? Irnini n'était-elle pas la déesse tutélaire d'Eana, celle qui peut tout ? Celle à qui tout est dévolu ? À Eana, la princesse Irnini n'avait aucune limite à se voir imposer, jamais… Il n'y avait rien à expliquer : Meski'ag-gašer informerait Enmerkar que son épouse – comme souvent jadis – était partie, et qu'elle reviendrait quand elle aurait épuisé ses envies de voyage… Oui, le vieux roi mentirait à son propre fils, d'autant qu'en réalité les desseins de la reine n'avaient jamais été aussi peu égoïstes. Sur les abords du fleuve, une pirogue l'attendait, balancée par le clapotis, et amarrée à un poteau qu'on aurait pris pour un rayon de lune ainsi planté en biais au milieu du miroir de l'eau.

Dans sa barque de roseaux calfatée de bitume, durant une heure qui lui parut interminable, la reine traversa alors les marais sombres. Le long de la rive les bruits de la nuit surgissaient : les ébats sanglants des chats sauvages, le hululement des chouettes, les pleurs d'une fouine et le cri des hyènes dans le lointain du désert des tentes de

1. Eana : la « maison du Ciel » est le nom du quartier sacré qui occupe le centre de la ville d'Uruk, d'abord placé sous le patronage d'An, avant de devenir un sanctuaire dédié à Irnini. Eana et Kullab sont les deux cités qui, réunies, formèrent Uruk.

nomades. Un instant même, Irnini crut se faire attaquer par des bêtes sauvages avant de discerner que ces yeux brillants qui l'observaient dans le noir étaient ceux d'inoffensifs mouflons. Les fourrés de roseaux dans lesquels sillonnait sa barque, d'îlots en îlots, grouillaient de gibiers d'eau, d'oies cendrées, de palombes. Lorsque les branches des cèdres – tombant comme des pleurs dans l'eau – frôlèrent son visage, elle sursauta. Les grands arbres aussitôt la rassurèrent de toute leur hauteur, leurs allées parfumées et nues s'écartant devant elle.

Parmi la foule des ombres des marais, seul le toit pointu du Mudhif crevait en l'éclairant le ciel. C'était le bout de sa traversée de l'ombre : l'île aux Mille-Soleils déroulait sa rive couverte de galets aussi polis, ronds et blonds que des soleils. C'est là que Ku-Baba [1] la cabaretière attendait Irnini, sur cette rive brûlant la nuit.

Droite, les bras croisés, un large sourire éclairant son visage, Ku-Baba regarda Irnini approcher jusqu'au seuil du Mudhif[2] où elle se tenait. Il ne fallait pas s'attarder. La cabaretière s'engagea aussitôt sur le sentier échappé des herbes folles, faisant signe à Irnini de la suivre. Les deux femmes avançaient à pas de loups sur des chemins de traverse, lesquels menaient à la taverne cachée d'un pourtour de roseaux. Invisible, et seulement à trente rondes – soit une période [3]

1. Ku-Baba : selon la *Liste royale sumérienne*, Kiš est la première ville où fut réinstaurée la royauté après le déluge. En outre, elle serait la seule, au terme de la *Liste,* à avoir été gouvernée par une reine, Ku-Baba la cabaretière. Ce personnage, authentiquement cité par les sources sumériennes, a donc été repris puis romancé.
2. Mudhif : cabane de roseaux que l'on trouve dans les marais.
3. Rondes : unités de quatre minutes ; périodes : doubles heures.

– d'Eana, la taverne de Ku-Baba finalement était à la fois au bout du bout du monde et si proche du temple. L'air y était frais, le sol prodigue, le bétail abondant. La petite auberge était fréquentée par des voyageurs clandestins, des princes en fuite, des bandits d'honneur, parfois des esclaves échappés du Mudhif.

Sitôt passé le seuil de la taverne, la reine déchargea sur la table le plus lourd de son bagage : cette peur qui lui avait serré le ventre durant son périple dans les étangs. Irnini éclata en sanglots. Ku-Baba alors couvrit son invitée de phrases rassurantes : la reine n'avait-elle pas accompli la seule chose possible pour que la vie de son enfant ne soit pas menacée ? Bien sûr que oui. Et puis, le nourrisson viendrait au monde aidé par les mains de Ku-Baba qui s'entendait dans l'art de l'accouchement. Après ces mots de réconfort, la cabaretière emmena Irnini vers un couloir mansardé au bout duquel une chambre et un lit l'attendaient, à l'abri des regards. Une assiette fumante de lentilles accompagnées de canard aux citrons trônait sur la table. Ce soir, la reine d'Eana dînerait en tête à tête avec son désarroi. Demain, quand elle irait mieux, demain elle partagerait le repas avec les autres dans la salle à manger commune.

**
*

Les semaines d'après attendirent l'enfant à naître. Le contraste avec la vie au temple était saisissant, si loin de ses froides conventions. L'auberge grouillait de rencontres, de fêtes, de vie et de gens de passage. Pas moins de dix voyageurs séjournaient ensemble chez Ku-Baba – venant puis repartant. Ils arrivaient de tous horizons. C'était toujours la même chose : ils poussaient la porte accablés de fatigue, et sur le seuil de sa taverne, Ku-Baba semblait n'attendre qu'eux. L'aubergiste présentait la reine Irnini comme une marchande de sel que sa tribu de caravaniers reviendrait chercher après son accouchement. Les convives ensemble partageaient un repas, et quand ils avaient fini de se lécher les doigts, leurs langues se déliaient. Ils devisaient, riaient, radotaient souvent. Parfois, leurs chants guerriers faisaient frémir les roseaux de l'île aux Mille-Soleils.

Après quatre longs mois d'attente enfin vint le moment. Le ventre d'Irnini durcit de contractions de plus en plus rapprochées. Aussitôt Ku-Baba disposa sous le pommier blanc serviettes, jarres d'eau, pierres bénies, amulettes, herbes et onguents, et une brique d'argile de belle largeur sur laquelle Irnini à quatre pattes poserait son ventre. Enfin une nacelle pour accueillir le nouveau-né : un berceau de roseaux rouges spécialement tressé par la cabaretière.

La douleur autour des reins allait et venait, insoutenable. Irnini tenait la main de Ku-Baba. Derrière le front mouillé de la reine défilaient sans ordre les souvenirs. Elle pensait au père de son enfant. Elle aurait tant voulu qu'il soit à ses côtés. Enmerkar – fils de Meski'ag-gašer, lui-même roi d'Eana – était le seul dont elle ait jamais voulu porter le fruit. Bien sûr, elle s'était mélangée à d'autres hommes dans des lits de soleil. Elle avait connu les ventres brûlants, les langues qui s'emmêlent en murmurant le monde, les sexes qui se pénètrent dans la douceur du soir. Même

Ensuhgirana, le seigneur d'Aratta – irréductible ennemi d'Eana – avait été son amant jadis. Au demeurant, si Irnini se sentait coupable d'avoir aggravé la discorde entre les deux seigneurs, la quête d'amour était sa seule excuse : elle cherchait la rencontre des corps, la vie, le vertige, la chute gourmande dans le vide. Puis la renaissance. Plus grande. Plus libre sous toutes ces mains et cette même étreinte, plus vivante sous toutes ces bouches et cette même soif. Cet enfant plus qu'un commencement, marquait la fin d'une étape. Son corps impatient et capricieux jusque-là, apprendrait la douceur. Irnini s'affranchirait enfin de ces vues qui nourrissent l'illusion que la liberté est de tout faire. Car la liberté se résume à choisir ses chaînes. À présent, la vie aurait raison de la violence. L'amour réinventé danserait sur les tombeaux. Il avait fallu cette initiation pour la mener jusqu'à cet instant où elle sentait la tête de l'enfant pousser et chercher son chemin vers le monde.

Le bébé prit son temps pour venir, si bien qu'Irnini s'offrit le loisir de rêver, genoux et mains rougis par la brique sur laquelle elle se tenait toujours à quatre pattes. Tout en accouchant, le souvenir du moment où l'enfant fut conçu s'imposa. Ce soir-là, Irnini avait fait l'amour avec Enmerkar aussi saoule qu'une ancre se jette dans le ciel. Elle se souvenait de la morsure précise de son cœur, vive comme une première fois. La nuit de cette étreinte avait fendu l'aurore dont la lumière fit naître l'enfant aussi bien que la femme.

Sur l'île aux Mille-Soleils, loin de son temple de l'Eana, voilà les pensées qui coulaient dans les larmes d'Irnini.

Soudain un cri se fit entendre, comme un écho. Couvert de sang et marqué par le sceau du secret, ainsi vint au monde l'enfant du prince Enmerkar et de la reine Irnini. À l'exception de Meski'ag-gašer, personne au temple d'Eana – surtout pas Enmerkar – n'apprit sa naissance.

Après avoir tété vigoureusement le sein de sa mère, le nourrisson s'endormit dans le berceau de roseaux rouges tressé par Ku-Baba.

TABLETTE 4

Le berceau de roseaux rouges en équilibre sur la tête, Meski'ag-gašer avançait vers la mer. Sur le couchant pourpre, un aigle tournoyait au-dessus des galets de l'île aux Mille-Soleils.

Dub-sar interrompit un instant le cours de son récit, interpellant directement son maître.

– Ibbi Sîn, pourras-tu croire que ce soir-là – par un beau crépuscule identique à celui que tu scrutes à cet instant dehors –, pourras-tu croire que trois jours seulement après sa naissance, le roi d'Eana emportait le nouveau-né vers un sort tragique ?

D'ailleurs qui pourrait imaginer ce qui va suivre ? Ibbi-Sîn avait croisé les mains sur son poitrail. Son regard semblait perdu dans le lointain du soleil plongeant dans la mer. En réalité, rarement son oreille avait été si attentive. Par un vif signe de la tête, il enjoignit à son scribe de continuer. Dub-sar s'exécuta, confus et heureux de l'intérêt qu'il sentait chez son maître.

– Le roi, poursuivit-il, le roi avait quitté le temple sans bruit, ses pieds nus caressant félinement les pavés en marbre blanc de la cour aux esclaves, puis glissant d'un talon léger avec l'allure campée de ceux qui savent ce qu'ils font. Car le roi Meski'ag-gašer s'apprêtait à commettre un crime. Les indigents dormaient par terre. Certains le saluèrent, se demandant où allait leur souverain, descendant ainsi la colline d'Eana. Sûrement, pensèrent-ils, comme à son habitude rejoignait-il la barque qui le mènerait sur l'île. Pourtant le roi qui lentement marchait avait un air soucieux. Étaient-ce les pluies diluviennes de ces derniers jours qui le préoccupaient ainsi ? Le déluge – plus violent que les précédents – avait laissé un immense silence. Le monde figé, où seul le crépuscule osait un mouvement, s'était voilé d'un firmament sans étoiles éclairé par la pauvreté des hommes aux visages barbouillés de cette boue dont les crues venaient d'épuiser Eana. Sur les versants de la colline, des allées de pauvres gens finissaient leur nuit, jonchant le sol en chien de fusil, à l'abri dans leur cité comme dans le ventre d'une mère malade. Le roi zigzaguait pour éviter ces corps couchés à même le sol. La plaine des fleuves n'était plus qu'un décor dévasté où les rescapés fouillaient en quête d'une poignée de miettes craquantes, d'une goyave, d'une grenade dont boire le jus. Ces braves gardaient un regard fixe vers la lune d'argent puisqu'il revient aux mendiants – disaient les apkallu – de manger l'ombre. Les plus nantis avaient reconstruit une bicoque au moyen de briques d'argile et d'un auvent de toile offrant l'aubaine de dormir à l'abri, mais qu'il n'eût pas fallu qu'un vent trop violent vînt fouetter.

Meski'ag-gašer, en descendant laissait derrière lui ces crève-la-faim et ces pleureuses au corps à corps avec la butte. En réalité, pour que ces êtres de rien aient une chance, une seule jamais de devenir quelque chose, il s'en allait provoquer la fatalité. Avec une idée fixe : gagner la fortune. Une fortune pour toujours. Bien au-delà de ces fortunes d'un jour que l'orage avait pris pour habitude de balayer. Une véritable fortune au-delà de la Terre et de l'or des moissons. La fortune faite éternité !

**
*

– Cela valait bien ce sacrifice auquel Meski'ag-gašer se préparait dans un détachement serein, n'est-ce pas, Ibbi-Sîn ? demanda le scribe sans attendre de réponse.

Les lois de la cité d'Eana prohibaient bien sûr son acte. Dublal le juge assurément condamnerait le grand Meski'ag-gašer pour meurtre, et sa dépouille serait privée de sépulture. Son corps sans vie serait couvert d'injures, de crachats, de pierres frappant sa nuque puis sa tête, d'où son sang coulerait le long de ses yeux mi-clos. Les villageois aveuglés de vengeance ne verraient pas que ce roi aux mains vides avait voulu les couvrir de richesse perdue. Dans un premier temps, ils ne regarderaient que son crime. En accomplissant tel forfait sur ce rivage, le roi déchaînerait la colère de ses sujets et leur châtiment sur lui comme le mauvais sort.

Dub-sar releva sa tête rasée et son regard, dessiné de mystère par le khôl, interpella son maître :

– Toi qui sais, Ibbi-Sîn, qu'il existe deux lois, celle des dieux et celle des hommes, devines-tu que Meski'ag-gašer en cet instant avait confiance ?

Meski'ag-gašer en effet ne doutait pas qu'un jour justice lui serait rendue ; et que ce jour-là les enfants d'Eana comprendraient leur erreur, par Utu, dieu du Soleil et de la Justice ! Au cœur des roseaux où clapote la petite île du Mudhif – le gîte des esclaves durant les moissons – sous le regard ébouriffé de l'orge et de l'épeautre, juste là où les eaux salées du golfe se mêlent à l'eau douce de la lagune : c'est là qu'on invoquerait le grand Meski'ag-gašer qui fit couler le sang. On raconterait sa légende, et on glorifierait enfin son sacrifice d'avoir effacé la misère et les larmes du peuple.

Quoi qu'il en soit, le roi poursuivit son dessein. Aussitôt accosté sur l'île aux Mille-Soleils, Meski'ag-gašer s'éclipsa jusqu'à l'auberge de Ku-Baba avant d'en revenir en portant sur la tête le berceau de roseaux rouges où l'enfant dormait à poings fermés. Les ailes amples de l'aigle continuaient de tournoyer au-dessus de son sommeil.

Tout irait vite à présent. Meski'ag-gašer s'avança sur la berge en contemplant le soleil paré d'une robe coquelicot et de rayons plantés comme des flèches à l'à-pic de l'écume insouciante. Après que ses pas eurent dessiné une guirlande aux empreintes profondes dans le sable noir, Meski'ag-gašer s'arrêta net où commence le banc des galets ocre. Il se baissa et emplit ses poches de cailloux de soleil, petits et ronds. La poche droite. La gauche. Puis la gibecière en bandoulière qu'il emplit méthodiquement jusqu'à ce qu'elle craque. Enfin, dans le couffin il intercala entre le bébé et la paroi de roseaux rouges une lourde tablette d'argile séchée sur laquelle figuraient de drôles de signes, dont il savait que personne de prime abord ne percerait le secret. Il faudrait bien pourtant que le peuple d'Eana s'y attelât car dans ces trois signes était contenu tout l'héritage de Meski'ag-gašer. Ainsi le roi destinait à son peuple une richesse en trois petits signes :

Chacun des gestes de Meski'ag-gašer se détachait comme l'ombre sur la lumière, empreint de la lenteur de cet aigle lumineux qui ne se lassait pas de tourner au-dessus du panier. Le roi d'Eana caressa les paupières de l'enfant qui dormait à l'intérieur du berceau, avant de serrer une dernière fois le couffin contre lui.

Après quelques pas dans la mer, quand l'eau fraîche atteignit sa ceinture, il pointa sa main au ciel, et comme un pauvre fou s'écria sur la plage déserte :

– Enki, le dieu des Me – l'essence des choses – est avide : il a asséché nos bouches, fait pourrir nos moissons, inondé les maisons construites de nos mains. Heureusement Utu a inscrit quelques signes sur la tablette aux Destins. Utu dit que toute fortune est dans le nom, le nom donnant seul la vie aux êtres et aux choses. Alors j'en appelle à toi Utu, dieu du Soleil couché tous les soirs du côté de Passim, levé chaque matin du côté d'Aratta, revenant sur ses pas pendant la nuit après être passé mystérieusement sous la terre. Reçois le sacrifice du berceau. Puisse la lumière éclairer la tombe ouverte du pays innommé ! Oui, j'en appelle à toi Utu : reçois le sacrifice. Aide mon peuple à comprendre les signes de la tablette, pour enfin gagner sa fortune !

Ces mots dessanglèrent le crépuscule. Il ne manquait plus à Meski'ag-gašer qu'à sombrer dans l'eau.

– Dès que le jour sera couché, murmura-t-il, mon corps et celui du bébé seront happés vers les fonds marins. Après un tout petit pas, nous serons des pantins lourds de pierres.

Le temps de ce pas fut interminable. En un instant, Meski'ag-gašer revit tout son règne. Il se rappela son accession au trône quand le dénuement était tel que les habitants d'Eana se nourrissaient d'algues en priant que s'apaise la crue des fleuves. Il se rappela le temps où l'opulence vint, quand Eana s'ouvrit au grand commerce avec la riche cité d'Aratta et que là se signèrent des accords commerciaux bénéfiques avec Ensuhgirana le seigneur d'Aratta ; quand les comptoirs commerciaux entre les deux cités se multiplièrent, les bateaux ventrus d'étoffes et de denrées accostant chaque jour. La richesse rutilait. Puis cessa brusquement l'abondance quand l'entente entre Meski'ag-gašer d'Eana et Ensuhgirana d'Aratta se gâta. Ce fut le début d'un long cycle de guerres, de celles où les armées en ordre de bataille ne connaissent aucun répit. À chaque saison pleuvait le sang, de sorte que les ressources d'Eana se tarirent, et que les granges des temples redevinrent d'immenses silos vides. Eana renoua pour finir avec sa misère de toujours. Que de souvenirs qui mènent jusqu'au crime…

**
*

La nuit se répandit en plein. À la seconde précise où le rubis du couchant plongea dans les flots, Meski'ag-gašer avança. Il déplaça le pied. Comme un rendez-vous. Les galets, ocre au fond de l'eau, étoiles lancées ici et là, éclairaient le noir des profondeurs.

Un pas. L'abysse des flots. Le pied glissa, noyant ensemble le roi et le berceau de roseaux rouges. Les pleurs agités dans la nacelle se réveillèrent, mais il était trop tard. Le jour tomba sur la rive des Mille-Soleils. Voilà comment – tenant dans ses bras l'enfant d'Irnini né sous un pommier blanc – voilà comment Meski'ag-gašer d'Eana alla dans la mer et disparut.

Dub-sar s'arrêta, le regard embué. Puis il grava sans rien en dire : *Il en va ainsi du sacrifice. Il change les fleuves assassins en fleuves d'or et la misère en joie.*

TABLETTE 5

L'enterrement et le sacre eurent lieu le même jour, après que les flambeaux du deuil eurent brûlé trois nuits aux façades du palais. Les torches côte à côte couronnaient de flammes le sommet du rempart. Les femmes pleurèrent leur roi tandis que les hommes cherchèrent sur la rive son corps qu'obstinément la mer se refusa à rendre. Pour seul souvenir du roi, on retrouva une corbeille de roseaux rouges voguant sur les flots. Irnini insista, disant qu'elle reconnaissait là le panier d'offrandes de Meski'ag-gašer. D'autres affirmaient qu'il ne pouvait s'agir que d'un berceau d'enfant, mais alors comment expliquer que personne ne s'inquiète de sa disparition ? Un débat passionné s'engagea, à l'issue duquel celui qui définitivement emporta la mise fut le doute. Aucune controverse sérieuse ne perdura, tous ayant à l'esprit qu'il s'agissait là d'un accident de noyade, Meski'ag-gašer ayant été probablement entraîné par le courant. Accompagné ou non d'un nourrisson : cela restait une énigme, mais finalement ne changeait rien à la destinée collective.

Un autre mystère en revanche continua de mobiliser les esprits : cette tablette de terre séchée aux inscriptions inintelligibles que le roi défunt avait déposée dans la corbeille.

Barû[1] la sibylle était la seule à Eana à savoir lire la volonté inscrite par les dieux – que cela fut dans les étoiles, les viscères de l'agneau ou sur la carapace des tortues. Barû médita de longs jours avant d'affirmer :

– Cette brique d'argile est une Tuppi šimati, une tablette aux Destins gravée par Utu. Je ne sais ni pourquoi ni comment, mais elle contient le secret de la fortune d'Eana.

**
*

Avant la cérémonie prévue au temple, Enmerkar le fils de Meski'ag-gašer, s'éclipsa seul un moment avec Ninpirig-galdim – son fidèle apkallu et batelier. Les deux hommes se rendirent sur l'autre rive de la contrée des ombres[2] pour se recueillir sur la place des âmes défuntes que rejoindrait bientôt Meski'ag-gašer. Ce moment d'intimité fit du bien à celui qui se préparait aujourd'hui tout à la fois à enterrer son père et à monter sur le trône. Enmerkar et Ninpirig-galdim ensemble accrochèrent des fleurs d'amandiers aux entrelacs du berceau de roseaux rouges. Puis ils laissèrent voguer le couffin au gré du fleuve de la mort. Enfin ils s'en revinrent vers la colline des temples.

La pirogue approchait d'Eana en faisant frémir l'onde. Tandis que le temple rouge et le temple blanc se dévêtaient dans la lumière, Enmerkar confia à son batelier :

---

1. Barû : fonction de celui qui pratique la divination, élevée au rang de science, appuyée par de nombreux traités et recueils, comme, par exemple celui des exorcismes contre le mal annoncé (35 tablettes) ou celui pour dissoudre les sorcelleries (63 tablettes). C'est dire le pouvoir important dont disposaient ces devins.
2. Contrée des ombres : contrée où se rendent les morts.

– Ninpiriggaldim, nous sommes misérables. Un peuple de rien. Il suffit qu'un roi, qu'un nourrisson meurent et je me dis que puisque le fleuve a bu tous les soleils, l'heure de la lumière est venue pour nous. Le destin d'Eana vient de se sceller : bientôt les pauvres s'enivreront aux coupes de l'allégresse sur des tables regorgeant de fruits. Ils plongeront leurs mains dans la terre moissonnée comme dans un coffre de pierres précieuses. La fortune leur adviendra. Et moi, sais-tu ce que je ferai, Ninpiriggaldim ? Moi, le roi d'Eana, je les regarderai rire et danser en pleurant des pépites de joie. Viens, Ninpiriggaldim, retournons enterrer mon père, puis voir la misère de mon peuple enfin se couvrir d'or.

Ninpiriggaldim, debout sur la barque, remuait sa rame dans le chant du vent. Il ne répondit rien. Dépositaire d'un secret trop lourd, l'apkallu avait vu dans les roseaux ce qu'il n'aurait jamais dû voir. Il savait ce que personne ne savait. Et son regard réfléchissait si bien l'ombre de ce non-dit que pour toute réponse à son roi, le batelier baissa les yeux.

**
*

La procession qui avait attendu le retour de l'embarcation se mit en route dès que les deux hommes accostèrent. Deux rangées latérales de villageois psalmodiant des mélodies au timbre grave commencèrent à remonter la colline, deux allées au milieu desquelles Enmerkar mena le défilé, suivi de Barû la sibylle et d'Irnini, laquelle avait quitté les marais puis l'île aux Mille-Soleils pour venir assister aux processions d'aujourd'hui. La reine d'Eana emboîtait le pas au cortège, l'air absent et le visage ravagé de larmes.

En bout de file, le porte-glaive, l'aurige et les gardes avançaient lentement. Bur-Gul le graveur, Kergara le mage, Asû [1] le médecin, Sessis le maître des charmeurs de serpent – au total seize hauts dignitaires constituant la haute assemblée des sages d'Eana à laquelle le roi accordait toute sa confiance – les suivaient.

Toute cette foule avançait comme un seul homme dans la lumière pourpre où s'épousaient les deux temples en une étreinte quasi charnelle de leurs pierres dont les unes – de calcaire blanc – mordaient les autres – des briques rouges incrustées de cônes noirs.

Le cercueil vide avançait, hissé très haut par quatre porteurs. Le peuple en grappes autour de l'allée d'honneur se balançait en priant, les yeux levés vers le coffre sans corps.

Lorsque Enmerkar, traînant sa peine, arriva le premier, essoufflé, sur la haute terrasse des offrandes, il s'écria à la face de Meski'ag-gašer :

– Père, me voici roi d'Eana après toi. Regarde-nous ; dans la main d'Utu le dieu du Soleil sculpté par Bur-Gul, dans sa main nous avons glissé la tablette aux Destins que tu as laissée. Elle protégera la fortune des semeurs de soleils !

Alors commença la cérémonie du couronnement, là, devant le tombeau du père d'Enmerkar, sur la terrasse

1. Asû : médecin. La médecine comporte en réalité trois branches : les soins avec médicaments, la chirurgie à l'aide d'instruments, et la magie, où formules et procédures très précises sont appliquées aux malades par le barû, l'ashipû, ou même le barbier. La science est résumée dans un traité de quarante tablettes.

qu'incendiait le ciel fauve. La vue s'imposait, magistrale : le ciel indigo, les roseaux, l'île aux Mille-Soleils, le désert des tentes de nomades, et les montagnes bleues d'Aratta. Le pays innommé s'étendait là, de tout son long. Les portes de la beît riduti[1] avaient été ouvertes afin que les courtisans – la famille du roi, son successeur Lugalbanda, les conseillers des assemblées – puissent accéder en quelques pas à la terrasse des rituels. Quand approcha le cercueil, c'est ce qu'ils firent, abandonnant d'un mouvement la baie depuis laquelle ils avaient regardé se préparer la cérémonie du couronnement.

Quant aux habitants d'Eana, ils se tenaient rassemblés dans une commémoration sans voix, vêtus de joie et de pauvreté, regards rivés vers les parures et apparats sans avoir idée du travail qu'exigeait ce décorum. Car à cet instant, derrière les remparts immobiles, dix esclaves couraient en tous sens afin que ce jour de sacre soit parfait. Les portes des domestiques – dont les appartements sans fenêtre faisaient face aux suites des courtisans plongeant vers la mer – claquaient d'allées et venues. Rien ne devait manquer au rituel : le promontoire, le trône d'Enmerkar, les onguents, l'encens, les offrandes étaient en place sur la terrasse. À côté du sceptre de roseau, Barû ordonna qu'on dépose la tablette aux Destins de Meski'ag-gašer. Tout était prêt. Ne manquait plus qu'Enmerkar parti revêtir l'habit dans lequel se présenter à la face des dieux auxquels il revenait de confirmer – ou d'infirmer – la royauté sollicitée.

Les domestiques savouraient ces instants de soleil volés sur la terrasse. De coutume, le temple blanc était pour eux une prison de pierre, n'offrant nulle autre escapade que le bruit

1. Beît riduti : maison de la succession.

des vagues ou des embruns déposés par le vent au-dessus du rempart. Ceux-là qui d'ordinaire ne voyaient jamais le ciel regardaient à cette seconde la mer avec soif, et l'île aux Mille-Soleils dont le toit pointu avait été tressé par leurs mains vaillantes. Voilà pourquoi le Mudhif, l'île aux Mille-Soleils, les marais… c'était la liberté rêvée des esclaves. Ils aspiraient tous à ce travail des champs qui leur offrait l'unique voyage de leur vie ; or, seuls de rares élus – les plus méritants – en profitaient. Ceux-là débarquaient sur l'île comme on passe les barreaux d'une cage. D'abord tremblants, timides devant l'immensité du ciel, ils couraient finalement pour jouer dans les rouleaux, respirer l'orge et danser parmi les fleurs. Ils se glissaient dans les vagues frissonnantes de la mer ou des blés. En arrivant au Mudhif, sautant, riant, ils offraient de l'allégresse à leur vieille tristesse.

C'est ainsi qu'à cet instant de grâce où ils attendaient le roi sur la terrasse, chaque domestique rêvait du même rêve éveillé : s'enfuir à la prochaine saison là-bas, vers l'île aux Mille-Soleils.

**
*

Tout à coup, le silence. Le silence tomba quand l'ombre de Barû s'avança. Les nez des habitants, en contrebas, se retroussèrent ensemble. Barû salua d'un geste la foule en se dirigeant vers l'autel. Bien que sa toge, accentuant des courbes féminines parfaites, fut noire, Barû ne prononçait que des paroles lumineuses et droites. Car la sibylle, détentrice de la science chamanique, connaissait les piristu, les secrets divins : elle lisait la volonté des dieux partout où ceux-ci gravaient leurs désirs, y compris sur le corps des défunts. Ainsi, avant qu'il fut inhumé, et à défaut de dépouille, elle avait examiné ce matin le cercueil d'argile de Meski'ag-gašer. Apposant longuement ses mains sur la glaise séchée au soleil, elle avait sondé ce que les dieux exprimaient, et elle seule à cet instant savait ce qui allait advenir de la succession du roi défunt.

Son corps se tendit comme un arc. Elle s'approcha d'Irnini dont les yeux étaient emplis de larmes. Bien que la reine fut l'antipode de Barû, les deux maîtresses femmes se respectaient, formant ensemble un idéal, un infini. Côte à côte en effet, elles figuraient la nuit et le jour. Irnini, vêtue d'une robe d'or sous une écharpe en lapis-lazuli[1], coiffée d'une natte d'ébène brillant sur sa peau claire dispensait autour de son corps souple un halo de lumière, tandis qu'à côté d'elle Barû s'avançait comme sa jumelle sombre. Parmi la foule en contrebas, seul le silence osait un souffle. Enmerkar s'agenouilla devant Barû, visage vers le sol, tandis que la sibylle maintenait au-dessus de sa tête l'étendard d'Eana : un disque d'argile représentant le soleil. Dans les rayons de l'aube, la silhouette de la sibylle apposa ses mains sur les épaules d'Enmerkar agenouillé, et perdit finalement ses doigts dans les boucles de ses cheveux.

– Les dieux te veulent-ils pour roi ? murmura-t-elle pour elle-même.

1. Lapis-lazuli : pierre de valeur dans l'Antiquité dont on faisait des bijoux, des objets précieux et des incrustations. Elle était extraite à « l'est » (Badakhshan, nord-est de l'Afghanistan). Elle contient de la lazurite, qui lui donne sa couleur bleu profond, mais aussi des inclusions de calcaire gris et de pyrite dorée.

Sur ordre d'Irnini, les soldats du temple proférèrent alors un à un la phrase du serment d'allégeance à leur roi :

– *Ana dinânika lullik !* Puissé-je à ta place aller au danger !

Sans prévenir, Barû soudain se contorsionna dans des mouvements désordonnés, vêtue d'oripeaux noir et rouge et jetant vers le ciel des cris sourds de tambours. Le message des dieux sur le tombeau d'argile de Meski'ag-gašer avait-il confirmé Enmerkar dans sa succession ? L'aube était sanguine quand tomba la sentence :

– Enmerkar sera roi, second de la dynastie des semeurs de soleils[1] après Meski'ag-gašer.

Le soulagement d'Enmerkar était perceptible. Il se retourna, cherchant du regard Ninpiriggaldim. Que ferait-il sans lui ? Il était tout. Le roi scruta la foule, mais il n'aperçut pas l'apkallu.

Enmerkar l'ignorait, mais Ninpiriggaldim venait de s'enfuir loin d'Eana, avec sa pirogue qui n'était plus déjà qu'un point vacillant face au soleil qui émergeait. Il savait ce qu'il ne devait pas savoir. Trop lourd du secret qu'il portait, l'apkallu de la contrée des ombres était loin à cet instant.

Croyait-il, le batelier, que l'on secouât si facilement le joug d'un secret comme celui-là ? Un secret vous choisit, vous épouse et n'en finit pas de peupler vos rêves.

---

1. Dynastie des semeurs de soleils : c'est ici le nom romancé choisi pour désigner la première dynastie d'Uruk, laquelle eut effectivement pour premier roi Meski'ag-gašer auquel, selon les sources documentaires, succéda Enmerkar son fils.

TABLETTE 6

Le temps d'un règne, Enmerkar fit ce qu'Utu prescrivait, semant la joie, la peine, le travail et le rêve ; il ensemença mille soleils à même de faire pousser autant de fortunes. Tout ce qui était en son pouvoir, et plus encore, il le mit en action : l'épée épousa sa main. Il vogua sur les eaux amères [1], galopa dans les plaines aux hautes herbes sèches. Il alla si loin qu'il vit sur des cimes sauvages voler les escarbilles gelées des nuages couvrant la montagne d'un manteau blanc. De conquêtes en conquêtes, il posséda la terre, les marais, les fleuves par-delà les déserts.

Et à force de se battre, de creuser le ventre noir de la terre pour y trouver de l'or, au royaume d'Eana la fortune vit le jour. La richesse devint prodigieuse, plus encore que celle d'Aratta. Oui le règne d'Enmerkar fut exemplairement prospère. Plein de reconnaissance, le roi tint la promesse liée le jour de son règne. Il plaça au centre de l'autel du temple – sur la terrasse – la grande statue d'Utu et lui glissa dans la main la tablette aux Destins laissée dans le berceau de roseaux rouges par son père Meski'ag-gašer. Les trois signes gravés sur la pierre scintillaient dans la nuit :

1. Eaux amères : la mer.

Près d'Utu, deux autres dieux – Nanna et Tiamat –, également sculptés par Bur-Gul se tenaient devant la dizaine de serviteurs en pierre blanche à taille d'homme : les orants priaient debout devant la triade divine. C'est ainsi – à force de pierre coulée, burinée, ciselée, finalement polie dans la joie du monde – c'est ainsi qu'Eana fut connue pour être la cité où un peuple de marbre se tenait debout pour accueillir le voyageur. Depuis le lointain désert déjà, le marcheur s'étonnait de voir briller ces sculptures blanches à même les versants de la colline, toutes priant devant un géant de pierre flanqué d'une tablette. C'était le temps de la fortune d'Eana, protégée par la Tuppi šimati – la tablette aux Destins – laquelle veillait à jamais sur la richesse gagnée. Ces années de miel coulèrent et le peuple croqua la chance.

La seule frustration perceptible se trouvait toujours concerner le sens des trois marques incrustées dans la tablette d'Utu, sens résistant à toute compréhension. Malgré les efforts conjugués, personne ne trouva. On savait que ces signes étaient censés garder la fortune d'Eana : pour le reste, ces gravures étranges gardèrent jalousement leur mystère !

On avait bien vu déjà des enfants dessiner sur le sable, des artisans décorer des assiettes et des céramiques avec des représentations d'oiseaux, de bouquetins ou de femmes aux cheveux flottants, mais à Eana jamais, au grand jamais on n'avait aperçu des symboles semblables à ceux-là, entaillés et formant une colonne horizontale ! D'aucuns prétendirent qu'il s'agissait là de la parole enfermée dans un dessin, or une telle chose eût été sacrilège puisque la parole avait été donnée aux hommes par les dieux.

À Eana, certes Nabû[1], le comptable du temple, avait coutume de tracer – en y enfonçant ses ongles ou un bout de roseau – des traits dans la surface de calebasses en argile, autrement appelées les bulles enveloppes, technique qui lui servait au décompte exact entre marchands. En réalité, le système de Nabû avait évolué. Au début de sa pratique – laquelle tendait à assurer la loyauté et la bonne tenue de la comptabilité entre les négociants qui officiaient dans les greniers du temple –, Nabû enfermait de petites billes d'argile – les calculi – dans une sphère en terre cuite, en nombre équivalent des objets échangés ou vendus. Ainsi placés à l'intérieur de la calebasse d'argile (six calculi pour six moutons par exemple), il suffisait à l'arrivée au contractant qui réceptionnait la marchandise de casser la sphère pour vérifier que le nombre de bêtes prévues – et emmenées par un intermédiaire – étaient arrivées à bon port. Tout le monde pouvait de la sorte vérifier la bonne foi des opérations, et les contestations se raréfiaient. La présence des calculi constituait une preuve incontestable. Or peu à peu, on simplifia : on prit l'habitude d'entailler par des traits directement la surface de la calebasse, ce qui évita de casser cette dernière. Ce n'est pas autrement que les dessins avaient commencé à être gravés sur l'argile : par de rustres négociants pour les besoins de leur commerce. Ils avaient valeur simplement de signes chiffres, ou de mots images représentant toutes les sortes de choses sujettes à

1. Nabû : prénom choisi à dessein puisque Nabû, fils de Marduk, plus tard sera le dieu de l'Écriture et le patron des scribes. Donner ce prénom au comptable du temple évoque le premier dessein de l'acte d'écrire : la nécessité de compter, de faciliter et sécuriser les échanges.

transaction : sac de blé, peaux de chevrette, jarres de fruits, et bien sûr des têtes de bétail.

**
*

Mais cette fois, et concernant les dessins de Meski'ag-gašer, il s'agissait de tout autre chose que d'images. Certains avancèrent que le signe traduisait une idée, voire un son… Quelle offense s'il en était ainsi ! La parole avait été donnée par les divinités ; c'eût été dès lors se l'accaparer. Rien à Eana n'existait faute d'avoir été nommé, mais surtout le pouvoir de nommer était l'apanage de la parole divine. Graver cette parole ? Vouloir dessiner l'éloquence, oui c'eût été voler l'esprit des dieux. Capter le feu sacré de la parole mériterait les enfers pour qui s'y risquerait. Les mots, pas plus que son destin n'appartenaient à l'homme : né pour se conformer à son rang, servir le panthéon divin puis mourir…

Ces pauvres marques qui ressemblaient à des clous, non, ces marques ne pouvaient contenir tant de puissance transgressive à elles seules ! Mais qu'importait, après tout ! Quoi qu'il en fut de ces symboles, Eana à présent ne vivait-elle pas sereine et dotée d'une richesse prolifique ? Bien sûr que oui. À tout bien considérer, les villageois n'avaient pas à souffrir d'ignorer le sens de ces signes censés les protéger d'une infortune que somme toute ils avaient réussi à éloigner.

**
*

Mais c'est avec les certitudes que souvent tout bascule. La vieillesse d'Enmerkar vint puisque vient toujours à temps le naufrage des choses. Enmerkar songea avec amertume que nul héritier ne lui était promis.

– Qu'importe cet empire si ni un fils, ni personne ne tient ce sceptre ruisselant d'or dans sa main ? Qu'importe ? demanda le roi prostré devant la statue d'Utu.

Toute la fortune du monde ne vaut pas un enfant. Pour la première fois depuis bien longtemps, Enmerkar reconnut le goût du manque, ce vertige lorsque les cimes d'or vous balancent par-dessus le vide, et à peine eut-il l'intuition que le vent du bonheur allait tourner que la providence s'empressa de lui donner raison.

Il ne fallut presque rien pour perdre tout : une guerre contre Ensuhgirana d'Aratta suffit à balayer la terre. Les soldats croisèrent les armes, et de ces deux armées celle d'Enmerkar fut la plus faible. Finalement, les batailles répétées laissèrent Eana exsangue. Ses trésors s'épuisèrent. Ses coffres se vidèrent. Le roi vit s'envoler ses dernières illusions et la fierté de son peuple. Il regardait la plaine où ne flottaient au milieu des cadavres que l'argile, les flammes et les roseaux. La défaite était cuisante. Le roi prêtre abdiqua.

Au terme des accords de paix – convenant notamment d'un tribut du vaincu au vainqueur – Ensuhgirana préleva l'impôt directement sur le travail des villageois. Eana serait ainsi durablement aliénée par la cité aux montagnes bleues, et Enmerkar n'aurait plus l'épaisseur que d'un roi de paille.

Voilà comment en toute beauté la tyrannie entra à Eana.

C'était cela le bilan du vieux roi Enmerkar : un sol jonché de morts, et la pauvreté des vivants.

La tablette aux Destins mentait donc : aucune espèce de fortune qui dure ! Ainsi en allait-il de la prospérité : capricieuse, venant, s'en allant. Il ne suffisait pas de s'appeler les semeurs de soleils pour aimanter le bonheur. Même le soleil donnait des larmes aux hommes. Enmerkar pensa alors que Tyché, la fortune, était à chercher ailleurs. Ailleurs que sur la tablette, loin, très loin du nom des choses.

**
*

Dub-sar posa son calame. Il redressa son dos, fourbu de s'être trop longtemps tenu penché au-dessus de la tablette. Enfin, il relata à son maître la stupéfaction d'Enmerkar devant un événement qui se produisit, quinze ans tout juste après ce jour de deuil et d'avènement où furent célébrés ensemble les funérailles de l'ancien roi puis le sacre du nouveau. Par un beau jour de printemps en effet, Ninpiriggaldim le batelier revint à Eana. Quinze années : il aurait fallu tout ce temps au fidèle apkallu, disparu le soir de l'enterrement de Meski'ag-gašer, pour revenir chez lui. Enmerkar, dont l'étonnement n'avait d'égal que la joie, le reçut aussitôt.

TABLETTE 7

Quinze ans après le sacre d'Enmerkar.

– Assieds-toi près de moi, Ninpiriggaldim. Pas près du vieux roi Enmerkar, non : près du petit enfant que j'étais et dont tu sais par cœur le rire. Assieds-toi, Ninpiriggaldim. Le vent est frais sous la tonnelle.

Enfin te voilà revenu, ombrageux apkallu. Où étais-tu ? Pourquoi es-tu parti quand mon père Meski'ag-gašer est mort ? Le jour où Eana a enterré mon père, je me suis retourné pour croiser ton regard, mais tu n'étais plus là. Toi qui fus le batelier de tous les périls, toi le seul fidèle resté debout après le grand déluge, je n'ai jamais compris que tu t'en ailles ainsi le jour où mon père nous a quittés. Pourquoi cet abandon ? As-tu suivi une femme à la peau claire et au parfum envoûtant ? Tu as voyagé, dis-tu, toutes ces années. Et pourquoi ce retour ? Car je ne comprends pas davantage pourquoi tu reviens aujourd'hui. T'a-t-on dit que j'ai été malade ? Tu es décidément toujours le même : entouré de mystère, autant que ce voile bleu nuit qui cache ton corps et ne laisse entrevoir que tes yeux.

Mais assieds-toi donc au bord de mon lit d'or, c'est bien là tout ce qui reste de mon opulence passée. Soit, j'ai compris, tu ne veux pas que je pose de questions. Je te connais si bien que le moindre hochement de tête, le moindre de tes froncements de sourcils est plus éloquent pour moi qu'un long discours. Je t'ai attendu, tu sais, Ninpiriggaldim, chaque jour espérant ton retour. Te voilà, et je te retrouve comme si le temps n'avait pas coulé sur nos yeux. Je te retrouve comme l'enfant que j'étais, sautant sur tes genoux, plissant tes joues avec mes petits doigts pour te montrer combien, d'un pincement de pouces, tu étais ridé d'un coup. Où étais-tu tout ce temps où tes cheveux ont pris des reflets d'argent ? Là, tu me fais face comme si mon père en personne me faisait face.

Et toi, comment me vois-tu ? Moi le petit garçon devenu roi d'Eana, si riche avant d'être laminé par cette guerre qui a ruiné mon royaume. Tu me demandes ce que j'ai vu des hommes. J'ai vu l'argile, le feu et le roseau. J'ai vu quelquefois ce que les dieux ont vu. Je fus le roi prêtre puissant d'Eana. Le victorieux. Le roi qui a conquis l'aube. Pourtant tel que tu me vois devant toi, je ne suis plus désormais qu'un souverain ruiné. Ruiné de blé. Ruiné de joie. Ruiné de liberté.

Tout ce qui me reste, c'est un espoir… j'ai appris il y a peu par un caravanier qu'un fils me serait né voilà plusieurs années. La rumeur dit qu'il est un jeune homme beau, fort, épris de justice. Élevé à Aratta, il serait instruit et ses cheveux danseraient comme les feuilles dans les arbres. J'ignore comment cela est arrivé, mais il aurait grandi à la cour de mon ennemi de toujours, où Ensuhgirana l'aurait élevé comme son propre enfant. Il est donc promis au trône d'Aratta, et dans ce cas, comment pourrais-je faire pour qu'il revienne à moi ? Je ne sais même pas son nom. Tout ce que je sais est qu'Irnini serait sa mère. Elle l'aurait enfanté il y a quinze ans – dit-on – dans la taverne du Mudhif sur l'île aux Mille-Soleils. Pour l'heure, la reine a beau tout nier en bloc, je connais assez son regard pour savoir qu'il ment. À l'évocation de cette histoire, la souffrance d'Irnini est telle que cela m'empêche d'insister. Que penses-tu que je doive faire, toi qui as demandé à me voir ? Tu as toute ma confiance, toujours. Toi seul au royaume possèdes telle clairvoyance.

Que te dire de plus concernant ce fils ? Je n'ai plus qu'une obsession : le retrouver. Après toutes ces années, comment le convaincre de revenir, quitter l'opulente Aratta pour sa pauvre ennemie ? Tout aurait pu être si facile. Le sang revient au sang, n'est-ce pas Ninpiriggaldim ? Le fils revient au père ?

Que me dis-tu là ? Tu es sûr ? Affirmes-tu qu'il viendra jusqu'à mon palais ? Qu'Utu t'entende ! Je ne demande qu'à te croire, mais pour la première fois, je me sens fragile. Dehors, la cité d'Eana s'endort. Sur la grande terrasse qui jouxte ma chambre, les esclaves et les prêtres servent à Utu la dernière offrande du jour. Ils ont préparé quelques dattes, des gâteaux et une écuelle de lait. Mes yeux se ferment sur un peu de repos. L'eau ruisselle. L'entends-tu aussi, Ninpiriggaldim ? L'eau ici, te rappelles-tu comme elle coule partout ? L'ombre blanche du soleil ! Elle arrose la cité des statues : du sud au nord, entre les deux fleuves, les vagues de la mer glissent jusqu'aux roseaux baignés par les marais, puis s'éparpillent en un éventail infini de canaux et de digues qui abreuvent l'orge, le blé, l'épeautre, le seigle, telles les veines invisibles des marbres éclatants. L'eau ici est chez elle.

Avant qu'il ne soit trop tard, Ninpiriggaldim, aide-moi à retrouver mon enfant. Je suis malade. Le temps presse. Je voudrais partir, me disant qu'à la fin de mon règne au moins j'aurai connu la seule fortune qui vaille : un fils.

**
*

Après qu'Enmerkar lui eut ainsi parlé, Ninpiriggaldim informa le roi d'un songe qu'il avait fait : une jeune fille nommée Šum-usur viendrait demain à Eana amenée par des marchands, pour y être vendue sur le marché aux esclaves.

– *Une jeune fille qui aura tout perdu. Quand Nisaba-Šum-usur viendra, soigne-la, recommanda Ninpiriggaldim. Soigne-la quoi qu'il arrive…*

– *Nisaba-Šum-usur ? C'est un nom, ça ?*

– *Oui, et justement un nom qui signifie « Nisaba, protège son nom » ! Je te répète : soigne-la quoi qu'il arrive…*

Tout le temps de leur conversation, l'apkallu avait gardé son voile. Pour finir, il se leva, ombre bleue dont les statues blanches de l'autel attendaient qu'elle serve l'offrande du soir.

TABLETTE 8

La lumière dansait sur la route entre Aratta et Eana, dans le désert des nomades…

Au fil du récit, Ibbi-Sîn n'avait décroisé ses mains jointes sur sa poitrine que pour de temps à autre caresser sa barbe dont les boucles étaient parfaitement coiffées. Sa tiare et sa peau, toutes deux lisses comme un marbre cuivré, se confondaient sous les lueurs du crépuscule. Le drapé de sa robe coulait en plis immobiles. Ibbi-Sîn, toujours ressemblait à un orant faisant offrande aux dieux.

Dub-sar scruta son maître de son regard immense :

– Ferme les yeux, Ibbi-Sîn, cesse de regarder la mer et les soldats, ferme les yeux, Ensi, et imagine sur la route entre Aratta et Eana, dans le désert des nomades…

Puis Dub-sar poursuivit :

La lumière dansait quand les caravaniers trouvèrent Šum-usur devant le caravansérail. Au pied du puits, elle était recroquevillée sur le sol. Les Bédouins l'aidèrent à se relever.

Elle se tint devant eux un long moment, seule au bord de l'oasis, hagarde. Choquée, elle ne disait pas un mot.

Savaient-ils ces marchands, que Nisaba-Šum-usur était la fille d'un roi ? Ignoraient-ils que le père de cette enfant était chef de la tribu des tentes de nomades ? Allaient-ils vraiment la vendre comme on vend une outre de chameau ?

Ils la regardaient. Le ciel saignait. Dans le crépuscule, les marchands lui demandèrent de tourner sur elle-même. Elle pivota, marionnette bien droite au milieu d'eux. Ils jaugèrent sa musculature. À nouveau ils la firent virevolter comme un objet de foire, puis la négocièrent finalement neuf sicles d'orge, concluant l'affaire en claquant l'une contre l'autre la paume de leurs mains, satisfaits de penser qu'ils la revendraient un bon prix sur le marché aux esclaves. Afin de sceller la vente de l'enfant, ils se conformèrent à la tradition des négociants du pays d'entre les deux fleuves, laquelle exigeait que l'on moule l'empreinte du pied d'esclave dans une brique d'argile. Ainsi la marque de la légalité était-elle cette gravure, cette empreinte corporelle qui rendait toute contestation impossible.

Le convoi s'engagea sur la piste poussiéreuse d'un village où, paraissait-il, des serviteurs en pierre priaient devant un dieu – Utu – en marbre blanc. Šum-usur se laissa conduire par les robes bleues des nomades dont les ombres effilées se suivaient en enfilade, tel un collier d'étoffes longilignes, couleur de nuit sur le sable ocre.

Dans le désert, durant de longs jours, la caravane des Bédouins piétina sans que Šum-usur revînt à la réalité. Elle ne réalisait pas vraiment ce qui lui était arrivé. Elle était absente, la tête vide et il ne lui apparut qu'une explication : le ciel tourmenté, lors d'une colère violente, avait décidé d'éteindre le rire des enfants. En bout de caravane, derrière les chameaux, Šum-usur fermait la marche. Une chaîne reliait ses deux chevilles, lui laissant l'amplitude d'une courte enjambée. Tout avait un goût de feu. Elle se contentait de placer chacun de ses pas dans l'empreinte laissée par le marcheur devant elle. Le désert ne finit pas, les flèches du soleil se plantant dans la chair de chaque pas.

De longues colonnes de chameaux ou d'onagres dont le chargement traînait à terre doublèrent le convoi. En se hélant au passage, les marchands se donnaient rendez-vous les uns aux autres sur la place des halles d'Eana.

Car la fête du nouvel an attendait le convoi à son arrivée à Eana. Les Bédouins à l'avant riaient, parlant avec envie de Dul-Ku [1], la grande foire des moissons qui avait probablement commencé. Les étals avaient à coup sûr été déballés, la bière avait été versée dans les bolets vacillant sur les tables de jeux ; les femmes sûrement s'étaient apprêtées.

Šum-usur, en croisant ces caravanes venues de loin, se mit à espérer qu'un négociant avait aperçu ses parents, son petit frère ou même l'ombre d'un rescapé de la tribu des tentes de nomades. Elle songea que ce négociant-là peut-être la rachèterait sur le marché aux esclaves dont les tréteaux attendaient, posés sur les pavés dans la cour des temples, au beau milieu des statues en marbre.

---

1. Dul-Ku : fêtes du nouvel an à l'équinoxe d'automne.

Elle était en état de choc, et sa mémoire des dernières heures n'était qu'un rideau noir jusqu'à ce que peu à peu, imperceptiblement sous le soleil se tissent à nouveau les fils de ce qui venait de lui arriver. Non, le désert ne finit pas. Elle en était sûre à présent.

TABLETTE 9

Du côté de l'Orient… Il y avait deux jours tout juste… Elle fit un effort de mémoire démesuré. Tout en avançant péniblement, elle essayait de se rappeler les événements qui avaient bien pu l'amener ici, jusque vers cet instant où elle se brûlait les pieds dans le sable.

Alors elle se souvint de ce dernier soir avant le drame. Oui, c'était cela : le soir était doux comme un foulard de soie sur les rives de l'Halil. Au plus profond de la nuit, le seigneur d'Aratta avait si bien garanti la tribu de sa protection que les nomades se laissaient fondre avec quiétude dans le sommeil. Près d'eux dansait la lueur des flambeaux sur les remparts d'Aratta. Le monde était préservé. C'était la première veillée de printemps. La tribu avait marché toute la journée, quittant le camp d'hiver pour rejoindre le pays d'Élam le long de la rivière Halil bordée de forêts et de verts pâturages. Ce soir-là Šum-usur était seule éveillée, regardant crépiter les étoiles et jouant sans bruit avec Damù son ouistiti, lequel s'était mis en tête d'attraper la lune.

**
*

Toute la journée, les nomades avaient marché, le bonheur chevillé à leurs malles débordantes de masques, de céramiques, de vivres, le tout porté à dos de tarpans[1] qui manquaient de chavirer sur chaque chemin caillouteux. Parfois, alors que Šum-usur risquait un faux-pas à l'à-pic d'une falaise, sa mère la rattrapait d'un geste sec par le col du manteau. Šum-usur alors lui souriait comme pour se faire pardonner de la peur qu'elle venait de lui faire, avant de se remettre aussitôt en route en écoutant la voix de stentor de son père, le chef de la tribu qui ouvrait la marche en chantant devant.

Comme d'habitude, les nomades n'avaient pas manqué de faire un arrêt à Aratta, criant pour annoncer leur arrivée à l'adresse des villageois impatients de les voir. C'est que les gens du palais au bord de l'Halil s'étaient habitués à ces bohèmes qui chaque été s'installaient dans la forêt avoisinante. Leur liberté de voyageurs – sans armée ni royaume ni trône ni frontière – grandissait la leur.

C'était bien cela, oui. Le jour d'avant la tragédie, c'est à l'aurore que la tribu des nomades était passée devant les remparts colossaux d'Ensuhgirana. Les cloches du troupeau tintinnabulaient si fort qu'elles couvraient la musique des lyres et des tigi[2]. De l'autre côté de la fortification d'Aratta, les villageois, qui travaillaient déjà à battre le grain et traire les brebis, avaient cessé tout net leur mouvement. Le fouet ou la jarre de lait à la main, ils s'étaient mis en arrêt, oreille tendue. Voilà leurs amis qui approchaient en chantant ! Fous de joie et n'y tenant plus, ils firent ce qu'ils faisaient à chaque

1. Tarpan : ancêtre sauvage du cheval.
2. Tigi : sorte de cymbales accompagnant les chants religieux.

fois : ils escaladèrent la muraille pour leur tomber dans les bras. Les embrassades s'éternisèrent jusqu'à ce que le père de Šum-usur ordonnât de reprendre la route. Quoique la forêt fut proche, il fallait encore installer le camp, ce qui prendrait une bonne journée. Šum-usur repartit, promettant de revenir demain au pied des montagnes bleues.

Au bout d'un petit sentier, et assez près, somme toute, des remparts d'Aratta laissés derrière eux, le père de Šum-usur avait stoppé net en hochant la tête : une belle clairière de fleurs bourdonnantes d'essaims, aux arbres lourds de fruits attendait. Ce fut vite décidé : on monterait les tentes ici. Dans le silence, tel un chat, la tribu alors s'était installée au bord des longues berges de l'Halil, plantant les piquets, coupant du bois, allumant les feux.

Un nuage blanc passa dans le ciel, glissant sans fin.

Le temps que le camp s'organise, Šum-usur emmena les bêtes jusqu'au champ d'herbe grasse. Là, sous les chutes d'eau, son petit frère et ses cousins se savonnèrent. C'était à celui qui resterait le plus longtemps sous la source glacée. Quand ils eurent très faim, les enfants dévalèrent la colline. Vus du ciel, ils ressemblaient à un éboulis de cailloux blancs sur le vert de la mousse. Ainsi regagnèrent-ils la tente de leurs parents sous laquelle attendaient des assiettes fumantes.

L'après-midi avait été aussi douce que le matin. Après la sieste, Šum-usur s'était mêlée aux enfants que sa mère avait pris à part pour leur apprendre à peindre. Une traînée de lumière prolongeait ses doigts. Le soleil s'était posé sur sa chevelure de jais. Elle était si belle, de ces beautés qui paraissent avoir un sens. On aurait dit l'aurore échappée de ses mains, dont chaque geste faisait naître le ciel, la ritournelle d'orage, les foulards, puis l'arôme mouillé de la terre.

Elle dessinait souvent de la sorte : à même de simples assiettes blanches ; sur celles-ci un motif de bouquetins, d'oiseaux ou de poissons, sur d'autres des femmes aux cheveux flottants entourées d'une enluminure de scorpions. Cet après-midi-là, c'était une guirlande de danseuses que son roseau avait peinte sur la céramique.

Quand le soleil avait décliné, la senteur des moissons ayant empli l'air, son père alors avait rejoint sa femme et sa fille sous la tonnelle. Le roi du désert des nomades avait confectionné un masque sublime représentant un visage de femme en marbre fin, blanc, aussi lisse que la surface du fleuve. Le visage opalin arborait des sourcils en coquille et des yeux en perles de serpentine. Voyant son émoi, son père aussitôt l'avait offert à Šum-usur :

– Tiens, c'est toi dont j'ai fait le visage, Šum-usur !

Immédiatement, elle l'avait revêtu avant que les autres enfants l'imitent en choisissant chacun un masque parmi les faciès de tigres, monstres en argile séchée, peau de buffle aux dents d'ours ou cornes de santal qui trônaient sur l'atelier paternel. Même Damù, revêtant le heaume du loup, les cheveux longs comme une femme, avait initié une danse éperdue censée imiter le sorcier de la tribu lorsqu'il demandait protection pour les hommes, avant la chasse périlleuse. La danse de Damù était si pitoyable que tout le monde, y compris le sorcier, avait ri à se faire mal au ventre.

Le camp d'été était monté, les tentes essaimées comme des chapeaux gris sur l'herbe, les poissons péchés, les baies récoltées, les bêtes à l'abri. Tout semblait fin prêt et les flambeaux de la fête enfin purent s'allumer. Alors les hommes se plaquèrent aux jupons chamarrés des femmes. Les enfants virevoltèrent. La musique battait du pied partout jusqu'à ce que son père frappât dans ses mains :

– Chut ! Le moment est venu de raconter une histoire, avait-il annoncé.

Toute la tribu aussitôt se rassembla autour du conteur, chacun assis en tailleur autour de sa voix chaude qui parlait près du feu, comme veillant pour que la braise ne s'éteignît pas.

**
*

Alors le roi du désert des nomades, diseur de légendes, raconta l'histoire véridique de Damù le ouistiti, et comment il avait été domestiqué par le petit frère de Šum-usur, Sîn, qui aujourd'hui avait six ans, mais n'en avait que deux à l'époque. C'était il y avait quatre années déjà. Le père de Šum-usur parlait lentement. Autour de lui, souriant d'avance à l'évocation de ce qu'ils connaissaient par cœur pour l'avoir vécu et entendu cent fois, les gens de la tribu écoutaient, suspendus à ses lèvres. Le conteur rappela comment, alors qu'il revenait du pays d'Aha [1], les enfants l'attendaient, guettant sa venue au pied du grand sal. Chacun avait en mémoire ce jour où il était arrivé, les bras chargés de cadeaux qu'aussitôt il avait commencé à déballer, entouré des membres de la tribu qui s'étaient – comme ce soir – rapprochés en cercle autour de leur chef. Avec quelle

1. Aha : l'Égypte, ou pays de la terre rouge et noire.

vitesse – ses bagages à peine posés – il les avait sortis en ayant soin d'offrir une babiole à chacun ! Des scarabées en turquoise, des bijoux, des miroirs pour les femmes, des poignards aux beaux manches sculptés : personne n'avait été oublié. Le dernier cadeau avait été pour la femme du chef de tribu, la mère de Šum-usur et de Sîn, à laquelle il avait ramené une de ces feuilles de papyrus que les habitants de la terre rouge et noire couvrent de peintures. Šum-usur avait hérité de vaisselle miniature, dont un petit coquetier, tandis que Sîn avait été le dernier servi, recevant – les yeux brillants de larmes – un arc et un carquois.

Le moment le plus savoureux de l'histoire arriva quand le chef de tribu évoqua cet instant où il avait tapé dans ses mains en regardant son sac. Tout le monde autour l'avait pris pour un fou, s'interrogeant sur ce qu'il attendait au juste de ce bagage. Forcément, l'objet ne bougeait pas, ce qui n'avait pas empêché le chef de tribu de retaper dans ses mains… Qu'attendait-il pour finir de cette malle ? Qu'elle saute toute seule !? Au troisième claquement de mains, enfin un trémoussement s'était fait au-dedans du bagage : un petit singe alors en était sorti, une drôle de petite bête toute noire affublée d'un bas sur la tête, et couinant à tout-va. Le conteur raconta comment Sîn, haut comme trois pommes, s'était faufilé dare-dare jusqu'au ouistiti qui aussitôt avait sauté à terre, les deux visages demeurant un long moment nez à nez, avant que Sîn ne s'aventurât à caresser le doux pelage, puis fît des grimaces à la bille de clown qui s'empressa de rendre les mimiques.

Le conteur alors relata ce que chacun savait : à quel point au fil des semaines et des mois, entre l'animal et l'enfant s'était installée une complicité hors du commun. Pas un jour sans que Sîn eût apporté, à celui qu'il avait baptisé Damù, sa ration de lait et de dattes. Pas un jour sans qu'ensemble ils eussent chapardé des grenades au palais d'Ensuhgirana, ce que la grande sœur de Sîn feignait d'ignorer malgré leurs frimousses peinturlurées de sirop rouge. Pas un matin sans que Sîn eût décidé d'embellir Damù. Le petit garçon affublait le singe de sandales et de turbans aux franges lui tombant sur les yeux ; Sîn habillait, déshabillait, rhabillait inlassablement sa boule de poils jusqu'à ce que Damù soit à son goût, concluant chacune de ces séances vestimentaires en parfumant les oreilles poilues du singe.

Le roi du désert des nomades acheva sa narration en évoquant la façon dont Sîn s'y était pris – quelques mois plus tard – pour enseigner mille choses à son ouistiti, l'emmenant pour ce faire dans la forêt. C'est là, bien à l'abri des regards et au bord de la rivière Halil, que Sîn avait appris à Damù des numéros de funambule, des farces, des tours de magie sommaires. En revanche, le petit garçon n'avait pas réussi à initier son singe au tir à l'arc. Damù ratait sans cesse sa cible ; Sîn en furie braillait après son élève renfrogné :

– Quand on est une bestiole à clochette, et qu'on est né dans une malle, on ne fait pas de manières !

Les deux compères, quittes alors pour une bouderie têtue, ne se réconciliaient qu'à l'heure de la sieste, quand Damù s'attelait à sa farce préférée. Le ouistiti s'introduisait d'un bond sous la yourte des vieux de la tribu pour asperger les plus grincheux d'entre eux d'une rasade d'eau. Debout en un éclair, les mauvais coucheurs vociféraient contre l'eau, contre le ventre des femmes avant de maudire les dieux de la pluie. Bref, ils disaient n'importe quoi puis se rendormaient en souriant tandis que Šum-usur, cachée à l'arrière de la hutte, gloussait de rire en ravivant le feu de camp.

Le narrateur marqua une pause. Il acheva son récit en répétant à quel point ces frasques invraisemblables étaient pourtant d'authentiques souvenirs... L'auditoire savait qu'il disait vrai : c'est bien ainsi que Damù, d'ordinaire incapable d'immobilité, avait été domestiqué par Sîn. Domestiqué au point que le ouistiti avait fini par tout accepter de l'enfant sans remuer, sans rechigner, se laissant même accrocher autour du cou un tambourin de la taille d'un médaillon, lequel depuis cassait les oreilles de tout le monde à chaque mouvement du singe, autant dire en permanence !

Durant le temps que dura le récit, très fier que l'on parle de lui, Damù n'avait eu de cesse de se pavaner sous le nez du conteur tout en faisant le tour du feu de camp. L'assemblée avait ri de bon cœur. La nuit étoilée bâillait dans le ciel.

**
*

Le récit achevé, au terme de ce beau soir, tous gagnèrent leur lit. Même Damù avait fini par s'endormir sur le ventre de Šum-usur, enroulé en boule, découragé après maintes tentatives pour attraper la lune. Šum-usur fut la dernière à se glisser dans le sommeil, peuplé de rêves légers. La rosée s'apprêtait à fondre sur l'aurore. Le fleuve Halil coulait, impassible au milieu des blés, offert comme un arc de lumière à la nuit.

Hier encore, Nisaba-Šum-usur était la fille solaire du roi du désert des tentes de nomades. Qu'était-il donc arrivé pour que le noir éteignît ainsi sa lumière, et frappât son bonheur ?

TABLETTE 10

Šum-usur se rappelait maintenant... Ses pieds brûlaient dans ce sable à perte de vue, et les souvenirs lui revenaient un à un... La première image que retrouva sa mémoire, c'est qu'au matin de la tragédie, quand elle s'était éveillée de sa nuit de fête, tout avait la douce couleur de l'aurore. Sa main tenait encore le beau masque de marbre blanc, contre la joue duquel elle avait dormi jusqu'au petit matin. Elle avait ouvert un œil paresseux, découvrant un nuage gris dans le ciel. Puis elle s'était étirée douillettement, tandis que sa mère près d'elle faisait roussir les gâteaux d'orge. Sîn, son petit frère, debout déjà depuis le lever du soleil, vidait son carquois dans un mince tronc d'arbre qui commençait de crouler sous les flèches empilées les unes sur les autres. Damù sautillait à ses côtés, essayant d'attraper les flèches en vol.

Quand face au levant rouge, Šum-usur ouvrit l'autre paupière, elle perçut l'orage proche. Le tonnerre grondait tandis que les adultes s'activaient autour des enfants endormis comme des abeilles autour de la ruche. Le grand-père harponnait les poissons. L'oncle cueillait des fruits et des baies sur les arbustes. Les uns faisaient du feu ; les autres emmenaient boire les bêtes. Ici on plantait des piquets et on étendait les bâches, là on coupait du bois. Quand la mère de Šum-usur avait étalé les galettes sur la braise mêlée de mousse, le clair-obscur avait laissé place à des gerbes de flammes dont les doigts en or frôlèrent le soleil auroral, masqué pourtant par ce gros nuage noir qui avançait.

**
*

Le palais d'Ibbi-Sîn était étrangement calme. Les mots de Dub-sar avaient beau évoquer le lointain passé du « pays » – tel qu'on le désignait en ce temps où on ne l'appelait ni du nom de Sumer ni d'aucun autre nom – à ce passé ne répondait plus l'avenir. Dub-sar contait et gravait l'histoire des semeurs de soleils avec une fluidité légère : pourtant à cet instant la tragédie imminente ne le quittait pas, et les mots du scribe résonnaient comme le chant désespéré de la troisième dynastie d'Ur puis du dernier grand roi de Sumer.

– Oui Ibbi-Sîn c'est bien cela, dit Dub-sar en relevant son visage vers son maître. C'est à ce moment, tandis qu'elle marchait depuis de longues heures dans le sable, que Šum-usur sortit lentement de son état de choc, recouvrant la mémoire des événements qui avaient précédé sa capture. D'un seul coup, continua le scribe, elle se rappela l'attaque éclair, d'une violence inouïe : une armée sans visage. Un chaos soudain. Des soldats déferlant de tous les horizons en une masse informe, aussi compacte que l'ombre de ce nuage noir dans le ciel. Les cris. Les tentes qui se consument. Sîn. Damù. Les vieillards. Leurs hurlements. Couteaux. Torches vivantes. Javelots. Les bras de sa mère l'entourant puis la lâchant : c'est là qu'un voile avait recouvert sa mémoire. Les lances avaient fusé, poignardant l'aurore sans que Šum-usur se souvînt qui avait porté le coup, ni pourquoi.

– Ensi, quand Šum-usur se remémora les images du camp d'après l'assaut, elle revit le soleil saignant sur le sol, dans un goutte-à-goutte de fin du monde. Partout des fumées noires : la mort avait tout envahi. Ne restait qu'un silence lourd ; même le vent semblait peser sur l'eau du fleuve. La joie des tentes de nomades avait été abattue sous les étoiles. Šum-usur enfin se rappela avoir fui à toutes jambes. Elle avait couru à perdre haleine jusqu'à ce que, le souffle coupé, elle s'écroulât pour finir aux portes du désert des tentes de nomades où les chameliers l'avaient retrouvée quelques heures plus tard, recroquevillée à terre dans un état de confusion extrême.

TABLETTE 11

Les sculptures sur la colline brillaient, si proches dans la nuit que Šum-usur crut sentir leur souffle en tendant la main pour les toucher. En réalité, une mer de dunes la séparait pourtant de ces statues blanches.

Les Bédouins avaient retrouvé cette enfant hébétée près du puits et l'avaient emmenée aussitôt à travers le désert des tentes de nomades. Ainsi depuis des heures Šum-usur posait un pied derrière l'autre sans réfléchir, le nez retroussé vers la brise brûlante. Le seul diamant de sa nuit, c'était ce village là-haut, avec ses silhouettes voyantes et haut perchées comme des proues de navires. L'unique espoir qui ménageait le courage de Šum-usur était de garder ces statues diaphanes en point de mire, telles les déesses mères d'un paradis perdu.

Pour le reste, elle avançait tête vide, bête enchaînée à l'effroi autant qu'aux liens qui blessaient ses chevilles, desquelles une gouttelette de sang coulait de temps à autre en tatouant le sable.

Les marchands ne parlaient que de ça : la foire ! Là-bas, on voyait poindre Eana :

– Cette cité, lui dit un Bédouin, m'étonne. D'ailleurs même le ciel posé comme un chapeau sur la tête des temples s'étonne en regardant ce colosse de marbre qui tient une tablette dans sa main ! Et autour d'Utu sur l'autel, ces deux divinités : tu les vois, entourées de la dizaine d'adorants en marbre ?! On dit que ces dieux blancs ont été sculptés par Bur-Gul le graveur du temple pour veiller sur la fortune d'Eana : pour sûr qu'ils ont du travail avant que revienne la richesse là-bas ! Tu comprendras mieux quand tu verras les visages sales qui habitent les bicoques sur les versants de la colline ! Et leurs enfants qui courent cul nu ! Même s'ils sont joyeux, ces gens sont pauvres à pleurer…

Šum-usur plissa les yeux vers Eana. En effet, des arêtes de statues ciselaient la nuit dont chaque reflet semblait sculpté : la colline, les hommes, la pénombre, la lune polie comme un galet argenté sur l'ébène du soir, les colonnes des temples adossés l'un à l'autre et dentelés tantôt de calcaire, tantôt de mosaïques de cônes bruns et rouges. Même les maisons des pauvres gens, sur les versants de la colline, figuraient des cailloux crantés sur la roche, avec au-dessus de leurs têtes la bienveillance de guirlandes d'étoiles. Un pas. Un autre. Les jambes douloureuses, elle marchait le regard rivé sur ces bustes clairs. À chaque pas, elle laissait une empreinte fondante comme un lambeau d'enfance dans le sable.

Šum-usur s'accrochait étrangement à l'espérance de rejoindre cette cité illuminant le sommet de la colline, bien que tout semblât condamné à s'y changer en pierre. Y avait-il âme qui vive à Eana ? Vu d'ici, rien ne le laissait penser : le crépuscule couvrait ce pays d'un masque sombre éclairé de sculptures. Si loin qu'elle fut, Šum-usur discernait seulement des silhouettes comme dans un décor minéral.

Pas un mouvement. La cité était immobile. Les habitants dormaient. Nulle ombre ne bougeait.

Seule la silhouette de Ninpiriggaldim était mouvante. Sa robe bleue d'apkallu glissait doucement d'une rive à l'autre du fleuve sous le filet de la lune. Le batelier portait trois corbeilles d'offrandes – l'une en équilibre sur la tête, deux autres sur chaque épaule – qu'il déposa au pied des dieux tutélaires : un bol d'orge pour Tiamat, une sculpture de taureau couché pour Nanna. L'offrande la plus belle – un bât de chameau – fut pour Utu, dieu du Soleil et gardien de la fortune d'Eana. Ninpiriggaldim s'inclina quelques secondes devant chaque statue. Quand il s'éloigna, tout redevint immobile.

De loin, Šum-usur n'entendait rien de l'eau vive suintant de la roche et courant entre les pieds des statues. Il lui était impossible de supposer qu'à quelques lieues, là sur cette colline figée, les enfants riaient et les vieux chantaient ; Asû le médecin soignait les malades, Barû la sibylle lisait dans les étoiles et Sessis charmait les serpents. Comment Šum-usur aurait-elle pu deviner qu'il y avait là-bas tant de vie et que malgré leur misère les pauvres gens dansaient ?

Elle qui suivait les caravaniers dans un désert de feu scrutait cette colline de basalte, aimantée sans qu'elle sût pourquoi.

Šum-usur regarda la nuit se couvrir du masque froid des sculptures. Oui, là-bas à Eana tout semblait condamné à se changer en pierre. Même les sanglots des enfants. Même les larmes des dieux coulant le long de leurs joues blanches.

TABLETTE 12

Dub-sar se leva et déposa la onzième tablette aux pieds de Sâmâs. La brise soufflait dans ce recoin de la terrasse, de sorte que le vent tiède accélérerait le séchage de la glaise humide. Il était bienvenu qu'à ce stade Dub-sar manquât de tablettes toute prêtes : marcher un peu délasserait ses jambes engourdies. Ibbi-Sîn, pour la première fois de ce long récit se leva, dans le même mouvement que son scribe ; d'un air approbateur il se dirigea près de l'autel où l'argile était conservée humide dans une haute jarre. Là, le roi observa la scène comme il l'avait fait mille fois : Dub-sar modelait avec habileté une tablette vierge. L'argile se façonnait à la main, ce qui la rendait plate du côté face, et bombée au revers. C'était émouvant de le voir ainsi malaxer cette terre dont finalement tout venait.

– Tu vois Ibbi-Sîn, la tablette prend la forme de la main car…

– Je sais, elle est un prolongement du corps, tu me le répètes à chaque fois Dub-sar, mais tu as raison, je ne m'en lasse pas, et je me dis même qu'il ne manque qu'une chose à cette motte de terre que tu viens d'aplatir entre tes doigts…

– Ne manque que le souffle ?

– Oui… Continue donc ton histoire, car c'est bien cela le souffle et l'esprit de la matière d'argile, n'est-ce pas ? C'est bien le verbe ?

Le scribe acquiesça. Les deux hommes se rassirent. Le crépuscule avait laissé définitivement place à la nuit. Dub-sar reprit doucement :

Le roi Enmerkar campait debout. Il regardait Aratta, vers le pays d'Élam au-devant duquel s'étalait le désert des tentes de nomades. Ce roi qui avait tout conquis – y compris l'aube, disait-on –, ce soir ce roi était fragile d'espérer quelque chose : attendre le fils venant à sa rencontre.

Voilà quelques jours, en effet, Ninpiriggaldim était venu s'asseoir au bord du lit d'Enmerkar. Après avoir écouté le roi longuement, l'apkallu avait affirmé aussi simplement que s'il avait dit que le jour est le jour :

– Je t'en fais le serment : ton enfant viendra. Un secret fait la misère d'Eana. Trouve ce secret qui vide notre destin comme une outre percée. , ce mot est sous le masque. Gu.sum šà sud.rà. Sois confiant !

Le batelier avait répété :

– Cherche ce secret sous un masque, puis envoie un émissaire à Aratta.

Or, dès que Ninpiriggaldim se fut éclipsé de son pas de chat, Enmerkar donna ordre de trouver instamment ce masque. Tout fut fouillé, retourné : chaque tronc d'arbre, chaque creux de rochers, les habitations pauvres, celles des notables, les coins, les recoins, les jardins, les vergers, les routes fuyantes. Rien ne fut laissé au hasard. On ne trouva ni masque ni secret.

Devant cet échec, le roi tenta autre chose : il envoya le traducteur d'Élam à Aratta avec mission précise de ramener le prince près de lui à Eana. L'émissaire d'abord échoua, congédié avec pertes et fracas par les gardes d'Ensuhgirana. Mais le traducteur d'Élam était pugnace. Moyennant de patientes tractations, il obtint que le prince consente à une rencontre au temple d'Enmerkar, sous réserve que l'entretien se bornât à poser les jalons d'une paix en bonne intelligence entre les deux cités rivales. En préalable à sa visite, le jeune homme, de plus, exigea la cessation immédiate de toutes les hostilités qui, quotidiennement opposaient les deux armées sur les bords de l'Halil.

Enmerkar s'exécuta, ordonnant aussitôt à ses guerriers d'engager une trêve avec les combattants d'Aratta postés sur la rive d'en face. Il intima l'ordre à ses soldats d'abandonner les campagnes à cheval puis d'enterrer les forêts d'épées. Sous peine d'être mis à mort sur-le-champ, il empêcha même les brigands de s'en prendre aux voyageurs venus par le chemin du pays d'Élam.

Surpris par cette paix tombant d'on ne sait où ni pour quelle raison, les soldats du fleuve n'osèrent pas d'abord y croire. Au bout de quelques jours toutefois, ils se dispersèrent de leur ordre de bataille, continuant de s'observer d'un œil averti. Peu à peu au fil des jours, ces guerriers habitués à se combattre se regardèrent autrement que des adversaires. Ils pagayaient côte à côte sur la lune miroitée du fleuve silencieux. Finalement, un soir, ils partagèrent un repas, burent, jouèrent et rirent ensemble jusqu'au petit matin.

Les rancœurs semblaient mortes. Le prince d'Aratta dès lors fit savoir à Enmerkar que, conformément à sa promesse, il se mettrait en chemin pour Eana dès la décrue de l'Halil.

C'est ainsi qu'aux dernières nouvelles le prince d'Aratta avait quitté le palais d'Ensuhgirana ce matin.

Enmerkar en était là de ses informations. Il attendait, inquiet. La paix est si fragile… Le roi se rassurait comme il pouvait, implorant Utu, épiant le levant où surgirait bientôt la silhouette de son fils venant au-devant de lui. Son épée posée à ses pieds, il priait de longues heures. Sa robe blanche s'inclinait dans le crépuscule puis se relevait, avec deux ronds marquant l'écorchure des genoux. Sur l'autel à côté des divinités tutélaires d'Eana, le roi passait sa nuit à épier une ombre serpentant au creux de la vallée de l'Halil. Il épiait cet instant où le ciel d'Eana s'ouvrirait à un soleil filial venu des montagnes bleues.

**
*

Depuis longtemps déjà, Irnini ne dormait plus aux côtés de son mari. Enmerkar, qui ne pouvait rien contre les faiblesses que montre le corps avec l'âge, en souffrait. Pour se donner le souvenir de la chair chaude de son épouse, il se glissait dans le grand lit que parfois la reine désertait. Là il s'enivrait de son parfum autant que de leurs souvenirs : sous la treille où courait la vigne vierge, le plaisir des amants avait jadis été si grand ; les étoiles se penchaient – murmurait-on – pour regarder ces corps s'aimer et Irnini offrir ses galbes lissés de sueur à la lune…

Cela, c'était il y a quelques années. Depuis, la reine avait perdu sa gaieté frondeuse. Les conflits répétés avec Aratta, les famines, les caprices du fleuve, les épidémies, les pleurs des enfants, la solitude des mères, le front humilié des hommes : le chagrin d'Irnini trouvait autant de causes. Mais quelle autre raison profonde ? Quel secret qu'Enmerkar ne puisse entendre ? Pourquoi si souvent la nuit, Irnini rejoignait-elle les statues blanches dans l'ombre des jardins, lesquelles – prétendait la reine – pleuraient avec elle ? Irnini portait une tristesse et la lumière d'Eana en était ternie.

Quant à Enmerkar, il était plus impuissant et plus seul que jamais jusqu'à ces dernières semaines. Le roi se savait malade. La joie de son épouse ne brûlait plus ; Ensuhgirana avait asservi son peuple, buvant son sang jusqu'à épuisement. Eana luttait comme l'ombre d'elle-même, exsangue.

Ne revient-il pas à un homme – fut-il roi – de baisser la tête quand il a perdu ? C'est bien cela. Le roi d'Eana se trouvait au bord de l'abdication avant de réagir à cette nouvelle inattendue qui de justesse lui avait fait redresser la tête : il avait un héritier !

– Ninpiriggaldim, ce sera différent cette fois ! Mon fils me reviendra ! Et tu sais pourquoi ? Car le temps finit toujours par coudre un linceul avec nos rides ; alors avant que la vieillesse vienne, il est temps de vouloir. Je suis vieux, Ninpiriggaldim, et avant que tu n'emportes mon corps mort sur ta pirogue, je veux rencontrer mon fils. La pauvreté a habillé Eana d'un manteau si pouilleux que mon peuple piétine sur l'argile, le roseau et la boue des ruelles. Il s'est finalement habitué au manque. Comme la misère s'habitue à elle-même, c'est étrange… Ensuhgirana me rendra mon fils parce que j'ai tout perdu, souvent : je sais le prix des choses. La chair s'appartient. La chair ne se vend pas. La chair appartient au père. Quoi de plus naturel qu'elle me soit rendue ? Je m'avancerai vers mon fils pour lui remettre le sceptre du peuple des statues. C'est lui, la fortune que j'attendais !

Après avoir jeté ces mots vers la lune, le roi s'inclina, puis releva une dernière fois sa robe diaphane aux genoux écorchés.

Pendant ce temps, Šum-usur avançait en aveugle sous la pluie d'étoiles du désert, guidée par l'ombre pâle du roi dont elle ne connaissait à cet instant que le nom pour l'avoir entendu au hasard des récits de guerre racontés par son père.

Enmerkar, debout, continua toute la nuit de regarder vers Aratta.

**
*

Dub-sar alors se leva, et rejoignit Ibbi-Sîn. Un long moment, le scribe se tint ainsi, debout, droit derrière son maître, une main posée sur le dossier du trône. Ensemble, son crâne et ses joues rasées composaient une unité lisse, laissant apparaître seulement deux yeux que le maquillage de khôl rendait mystérieux, immenses et profonds. Le torse – entièrement nu – de Dub-sar s'imposait, ample comme une poitrine maternelle accueillant un nourrisson. Ses bras puissants retombaient sur la taille à partir de laquelle s'évasait le jupon kaunakès lui descendant jusqu'aux pieds.

Dub-sar après ce long silence demanda à son roi :

– D'une nuit à l'autre... D'un temps à l'autre... Toi aussi, Ibbi-Sîn, comme Enmerkar tu ne cesses de scruter cet horizon où les soldats attendent que le jour soit levé pour venir t'assassiner. Dans très longtemps Ensi, alors que nos fleuves, notre pays même auront changé de nom, d'autres flammes brûleront notre ciel ! D'une civilisation à l'autre... Est-ce ainsi que les hommes vont : sans mémoire ?

TABLETTE 13

Le désert lui sembla habité lors de cette traversée sans fin. Le convoi fendait le sable et chaque pas cognait comme le cœur du monde. Au sommet d'une dune, la caravane stoppa quelques instants, mis à profit pour boire une gorgée d'eau, et découvrir les villages de la plaine d'entre les fleuves qui s'alignaient tels des fruits sur l'étal. Eridu, Lagash, Umma, Shurruppak, Nippur, Kish, Sippar. Surtout, là-haut sur le ciel indigo : Eana vers laquelle marchaient les caravaniers, et que les sculptures blanches semblaient appeler.

Ces longs jours de marche incendièrent la terre au point que la nuit même ne rafraîchissait plus les pieds brûlés de Šum-usur. Tout se consuma : le soir, le jour, son enfance, même le velours de son regard. Šum-usur avançait couverte de sueur fine, la gorge sèche et dure comme du bois. Par intermittence, les mirages infligés par la soif s'emparaient d'elle. Prise d'un flot d'hallucinations, elle crut pouvoir attraper des jarres de lait, des gouttes de rosée, des figues aux grains violacés ; il lui sembla sentir tour à tour des parfums de cassonade rousse, de sel, de fleurs de citronniers. Sur la colline, les sculptures tanguaient par-dessus le soleil, transformé en une immense vague fraîche dont l'écume se retirait.

Enfin, elle entendit les voix de ses parents et le rire de Sîn : son petit frère labourait les champs près de Shurruppak, accompagné de Damù sur son épaule, qui l'épouillait de puces imaginaires. Son père, le roi du désert des nomades, arrosait les jardins suspendus de Nippur. Quant à la mère de Šum-usur, assise là-bas avec une étoffe, elle était devenue tisserande au sanctuaire d'Umma… Mais lorsque l'enfant – submergée par la joie – tendit ses bras pour serrer ses parents contre elle, d'un coup leur reflet s'évanouit. Alors Šum-usur plongea son regard vers les plaines d'Aratta au loin, en direction du fleuve où avait retenti leur dernier rire, ce rire qui n'en finissait pas de ricocher sur la rivière Halil. Un rire d'éternité.

Était-ce un mirage encore ? Il lui sembla que ce fut vrai cette fois. Šum-usur leva le nez : là-haut un géant de pierre la toisait. Il s'agissait d'Utu, courtisé par des statues blanches à taille d'homme. Près des sculptures sur l'autel, un roi en robe blanche se tenait debout, calme. Ce roi qui avait baissé son épée, délaissé son bouclier, renoncé à toutes les conquêtes, était-ce lui, Enmerkar d'Eana ?

Le temple était à sa portée maintenant. Revigorée de se sentir si proche du sommet, Šum-usur grimpa alors sur le versant, comme à une corde d'étoiles sur la nuit. Les pieds brûlés et le corps transi de frissons, elle trébucha. Les temples adossés à la colline la regardaient de haut. Son ombre se releva. Un Bédouin la soutint. Šum-usur se dirigea vers la butte en regardant obstinément cette toge blanche, cette ombre qui coulait, douce comme un miel blanc sur la nuit noire. L'aurore glissait sur les statues dont le corps s'éclairait de soleil sauvage. Šum-usur garda les yeux rivés sur Enmerkar : serait-ce lui qui avait ordonné le massacre de la tribu des tentes de nomades ? C'était impossible… Il semblait si serein, ce roi…

Enmerkar en réalité ne se doutait pas qu'à cet instant la vallée d'Aratta était un monceau de cendres. Rien de tel ne l'effleurait. Comment aurait-il pu imaginer que, depuis l'aurore, les nomades de la tribu de Šum-usur agonisaient visage contre terre dans une clairière de fleurs au bord de la rivière Halil, près de la cité aux montagnes bleues ? Il ignorait absolument qu'à cet endroit de la terreur, l'Halil coulait, rouge en ce moment. Si Enmerkar avait connu les intentions de Lugalbanda, le chef des armées d'Eana, il aurait aussitôt empêché cette tuerie qui compromettrait sans nul doute les retrouvailles avec son fils autant que la paix nouvelle. Rien ne s'était passé favorablement, loin s'en fallait puisque dans le même temps où le prince d'Aratta avait envoyé dire qu'il viendrait à Eana, le Lugal[1] avait, lui, brisé l'espoir de trêve. S'il avait su, Enmerkar… mais le mal était fait, rendant son attente vaine.

Enmerkar continua d'attendre paisiblement, alors que rien pourtant ne se préparait à un déroulement paisible. Léger comme l'air de ce jour clair, il savourait son espoir. Son désenchantement serait cruel. Il aurait le prix du sang, puis la couleur de ces visages qui agonisaient enfouis dans la boue. Que l'assassinat des nomades du désert ait été ordonné ou non par Enmerkar, à l'initiative contrôlée ou

1. Lugal : « titre qui désigne un membre de l'élite sociale investi de la plus haute autorité sur le groupe parental ou local dont il est membre. » Jean-Jacques Glassner, *La Mésopotamie*.

non de Lugalbanda, avec ou sans avis pris : qu'est-ce que ces circonstances pourraient y changer ? Ceux qui avaient fondu sur la joie de ces gens n'étaient-ils pas les guerriers d'Eana ? Tout roi étant seul responsable de ses armées, la conscience d'Enmerkar était donc souillée, quoi qu'on en pense, du sang de ces âmes innocentes.

C'était bien la désillusion qui attendait Enmerkar, cuisante ; à l'instant, voyant les cadavres flotter sur les eaux rouges de l'Halil, le prince d'Aratta venait de rebrousser chemin vers le temple d'Ensuhgirana.

**
*

Quand Šum-usur amorça la fin de l'ascension, les temples d'un coup découvrirent leurs pierres – les unes blanches qui se confondaient avec la robe d'Enmerkar, et les autres en mosaïques zébrées rouge et noire. Šum-usur, de fatigue trébucha contre Utu au pied duquel priaient des adorants dont l'expression de marbre était si vivante que la jeune fille en se relevant s'excusa d'avoir frôlé leurs mains d'albâtre. Le long du chemin, les villageois aux visages sales fourmillaient, louvoyaient entre les sculptures. En voilà un qui effleura un bras de pierre ; un autre se heurta à une épaule de marbre, puis souriant, réalisa qu'il se trouvait nez à nez avec une sculpture. Des enfants, crapahutant sur une statue, sautèrent à terre de toute leur hauteur, recommencèrent, puis recommencèrent encore. Leurs parents riaient même s'ils firent mine de les gronder. Ces gens n'avaient rien à part la joie au cœur. Affairés à préparer la fête, ils couraient en tous sens, les bras chargés de fleurs, allant, venant, pour certains évitant Šum-usur, pour d'autres l'aidant à monter. Dans l'allée centrale, des marchands offraient des bolets de vin à la cannelle. La pauvreté était légère à ces hommes, simplement parce qu'ils gardaient leur confiance. Ils priaient pour que les moissons fussent généreuses. Ils priaient pour que le fils d'Enmerkar vînt. Ils priaient pour que cessât la tyrannie d'Aratta.

Ils espéraient... En ce pays où les statues vivaient parmi les gens de chair, qu'enfin la paix s'imposât.

Enmerkar, confiant aussi, guettait les sentiers du bout de la terre, imaginant les traits du garçon qui avancerait dans la lumière. Mais lorsqu'il remarqua la frêle allure de la jeune fille grimpant péniblement les versants de la colline, le roi tressaillit : cette silhouette arborait un front étoilé de tragédie. Dans le même temps où le roi était accroché à son rêve de revoir son fils, Šum-usur s'avançait comme l'ombre de ce rêve, comme le doigt pointé de la justice. Eut-il le pressentiment qu'elle apportait des fantômes avec elle ? Toujours est-il qu'Enmerkar chassa ses mauvaises pensées sitôt qu'elles l'assaillirent.

Šum-usur vacilla et tomba à terre. La brise rafraîchissait un peu le feu de sa soif. Elle demeura allongée au sol, dans une demi-conscience. Combien de temps ? Quelques minutes, une heure ? Le crépuscule, comme elle, s'était abattu tel un chêne. Elle gisait là, toujours engourdie par terre quand tout à coup, l'enfant sursauta. Ce bruit dans le ciel muet lui était si familier ! Quel était-il ? Le son d'un grelot qui tintinnabule ! Elle ouvrit enfin les yeux quand un ouistiti noir lui sauta sur le ventre. Il agita un petit tambourin accroché à son cou.

– Damù !

Son cri de joie retentit. Il ne s'agissait nullement d'un leurre cette fois : c'était le singe de Sîn, son petit frère. Elle serra le pelage noir contre son cœur en pleurant longuement. Damù quant à lui bondissait comme un diable. Il sauta partout sans s'arrêter durant plusieurs minutes, avant de venir se blottir dans le cou de Šum-usur.

Le modeste grelot qui tintait dans son cou portait avec lui le chant d'une tribu entière morte sous l'aube claire.

TABLETTE 14

Une source... Quand elle franchit la grille du temple, Šum-usur traînait avec elle – collée aux pieds – cette gadoue du bas des pentes dans laquelle les villageois pataugeaient tout à l'heure en préparant la fête. Le contraste avait été saisissant. L'instant d'avant, sur les versants poussiéreux de la colline, un peuple hanté de boue l'avait regardée monter. Puis ce verger, dont la lumière d'un coup venait d'écarter le ciel. Aux visages noircis des pauvres gens avait fait place un jardin traversé d'une source, entourée d'arbres lourds de fruits dont coule le miel. Après la crasse et le cri des ruelles gravies tout à l'heure, le temple verdoyant offrait un silence, une aurore, un avenir. Le temps se balançait aux feuilles des arbres. L'azur ouvrait son vase aux blés dont les moissons entêtaient l'air. La peau des figues frôlait les oranges. Ce verger, c'était la beauté échappée de la fange ; le jardin du temple avait tout simplement poussé sur le malheur.

**
*

Le spectacle saisit d'autant plus Šum-usur que le quartier des temples s'était apprêté pour la grande fête de Dul-Ku – le nouvel an. Partout, les gens s'affairaient. Une paysanne tissait le lin. Une autre ramassait le chanvre. Dans les jupes de leurs mères, les petits battaient le grain, pilaient l'orge, moulaient la farine. Les galettes à la fleur d'acacia crépitaient sur la pierre, tandis que sous le palmier dattier près de la bergerie une brebis mettait bas. Les jarres d'olives, les grenades, le nectar des poires embaumaient l'air. Un adorant courba l'échine sous une cruche dont il s'en alla verser le parfum dans les coupelles du sacrifice. Sous les halles, les marchands aussi étaient déjà à pied d'œuvre : ils s'agitaient, discutaient, prenant à partie Nabû le comptable du hangar aux céréales, lequel s'attachait à remplir les bulles enveloppes de billes d'argile – les calculi. Entre les colonnes du temple, le levant finalement releva son rideau sur une marée de fruits, d'épices, de farines, de sels, de rubans et tissus. Les galettes embaumaient. Les tables du sanctuaire débordaient d'oies cendrées, de sars, de perches, de faisans et de grains d'orge que les locataires du temple – prêtres, guerriers, et devins – coururent déposer au pied d'Utu. Même dans la cour aux esclaves étaient disposés des mets fameux autour desquels gravitaient les regards envieux des miséreux.

Exténuée, les talons brûlés, le gosier dur comme du bois, Šum-usur chancela en frôlant Utu, dont le marbre diaphane se tenait immobile parmi la foule remuante. Deux esclaves l'aidèrent à atteindre le banc, la soutenant chacun d'un côté de la taille. La tête de l'enfant s'inclina vers le sol. Derrière ses jambes molles, dans la poussière se creusa un long sillage depuis la grille jusque dans la cour où grouillaient les esclaves et les caravaniers groupés sur le grand marché forain. Boire ! Sa gorge en pierre réclamait de l'eau. La fontaine glacée courait dans l'allée d'amandiers où pleurait – solitaire – un saule. Goulûment, Šum-usur but quelques gorgées. Trop vite. Elle toussa. S'étouffa. S'assit. À la main, elle tenait toujours son masque blanc qui ne l'avait pas quittée depuis que les soldats avaient piétiné sa vie et fait chavirer le monde. Ce masque était tout ce qu'il lui restait de son père. Il n'avait sûrement pas imaginé qu'un jour ce jouet préserverait le visage de sa fille des rayons du désert. Elle but à nouveau. Sa gorge brûlait. Sa tête tournait. Un banc. Elle s'assit, hagarde, meurtrie par la soif.

Quelques secondes d'éternité dans ce verger suffirent pourtant à lui faire oublier ses entraves, ses pieds, ses mains brûlés, ses chevilles saignantes et son enfance volée. Le jardin du temple rayonnait d'une splendeur à même de recoudre les vies brisées.

Tout à coup les gens s'écartèrent, se détachant de la cohue comme les raisins d'une grappe : c'était le pas d'Irnini qui giflait le pavé. Fendant la foule, la reine était suivie de Ninkarrak et d'Asû, l'infirmière et le médecin des temples. Tous trois s'approchèrent de Šum-usur.

Damù fit place nette : pinçant les fesses des uns, tirant les moustaches des autres, écrasant des orteils ici et là ; il fit fuir quiconque tentait de s'assoir sur le banc dont Šum-usur finalement profita de tout son long.

Quand Irnini tenta de détacher le masque blanc accroché à la main de l'enfant, aussitôt cette dernière le ramena contre sa poitrine. Tandis qu'Asû et Ninkarrak examinaient le jeune corps sans broncher, Damù continua ses frasques, chassant les mouches puis arrachant la plume d'un perroquet dont le coup de bec l'arrêta aussitôt. Sourde à ce ramdam,

Irnini souleva doucement la tête de l'enfant et, caressant ses cheveux, l'abreuva de lait de coco.

– Que s'est-il passé ? demanda la reine à la jeune fille.

Comment pourrait-on dire les cris, le sang, le silence qui se casse ? Puis cette fuite à tout rompre ? Avec une feuille de palmier, Damù éventa le visage de sa maîtresse ; cela la fit sourire.

– Parle-moi ! Tu trembles ! Que regardes-tu ?

Là, à quelques pas au bout de la cour, un bélier broutait les feuilles d'argent d'un arbuste aux branches scintillantes. La bête était magnifique. Au beau milieu du pelage roux de son museau se détachait une touffe de poils blancs en forme d'étoile ; un homme assis à côté de l'animal le caressa, distraitement. Il priait. Le bélier bêla de plaisir sous la main qui le frôlait. L'homme pour finir se leva : sa robe bleu nuit se déplia comme un drap sur le ciel, puis il rejoignit l'esquif qui clapotait sur le rivage.

Il descendit la colline. Son pas souple glissait : il était une silhouette bleue avec un pas de chat.

– Cet homme s'appelle Ninpiriggaldim, lui dit Irnini. Il est l'apkallu et le batelier d'Enmerkar. Il y a bien longtemps, il avait quitté le village sans qu'on sache pourquoi. Il est revenu il y a peu sans plus d'explication, et depuis, porte trois fois par jour les offrandes à Utu. C'est un homme bon. Une ombre qui voit sous le soleil.

En contrebas des pentes, les villageois achevaient de préparer Dul-Ku, s'apprêtant à accueillir d'une heure à l'autre le prince d'Aratta. Tout serait parfait pour sa venue.

Aidée par Irnini, Šum-usur se souleva. Les pieds toujours entravés, elle se dirigea vers le marché aux esclaves, dans la cour du temple. Damù fendit la cohue, libérant le passage au-devant de sa maîtresse. Il profita de l'inattention d'un marchand pour chiper une banane, puis une moitié de noix de coco qu'il lança comme une balle sur une colonne de boîtes empilées dont l'écroulement produisit un fracas de tonnerre. Le ouistiti esquiva les fessées. S'enfuyant, courant, sautant, il revint chercher refuge pour finir dans le cou de sa maîtresse.

D'où venait cette musique lointaine ? Pourquoi ces olifants[1] à la mélodie sombre apportée par le vent ?

Elle s'appelait Nisaba-Šum-usur, ce qui veut dire « Nisaba, protège son nom ! ». La déesse Nisaba, en réalité, ne l'avait en rien protégée. Témoins ses talons, ses mains brûlés. Quel autre choix que la colère ou la mort à cet instant ? À quoi servait-il d'être en vie aujourd'hui ? Les olifants au loin redoublèrent de puissance en écorchant l'aurore. Šum-usur les reconnut : les olifants d'Aratta qui déjà sonnaient vengeance.

---

1. Olifant : instrument ancien à embouchure, formé parfois d'une défense creuse d'éléphant (d'où son nom), mais plus fréquemment d'une corne de bovidé, ou construit en métal. Trop court pour émettre plusieurs harmoniques, ce cor primitif était surtout un instrument d'appel et de reconnaissance.

TABLETTE 15

– *Mon fils* est-il sur la route ?

Enmerkar déplia lentement son corps agenouillé. Il décrocha le flambeau de la muraille blanche, l'approcha du visage de l'enfant dont la fatigue s'éclaira.

– Réponds. Tu sais quelque chose ?

La jeune fille puisa la force d'une réponse en tournant la tête vers les montagnes bleues :

– Sur les lieux du combat, alors que je me cachais derrière les arbres, j'ai aperçu un homme jeune aux cheveux longs. C'était le prince d'Aratta qui venait par la route d'Eana pour te rejoindre. Mais… c'était après…

– Mais ?

– C'était après…

– Après quoi ? Après le combat ?

– Oui, juste après le massacre. Le pays des tentes de nomades n'était plus que cendres.

– Et alors ?

– Le prince d'Aratta s'est incliné en pleurant par-dessus le fleuve où flottaient les corps des nomades…

– Et puis ?

– Dans l'embellie du soir, avec son manteau il a recouvert le corps mort d'une jeune fille.

– Qui était-ce ?

– Une jeune fille de ma tribu. Sa fiancée. Elle était aussi mon amie…

L'instant se fit lourd.

– Qu'a fait le prince ?

– …

– Réponds donc !

Šum-usur reprit :

– Il a rebroussé chemin vers Aratta.

– D'accord… mais ce faisant a-t-il dit quelque chose ?

– …

– Parle ! Ne crains rien !

– Le prince a dit qu'il renonçait à rencontrer Enmerkar ; même s'il est son père et, a-t-il ajouté, même si la chevelure du temps blanchit.

Debout sur le rocher de la haute terrasse, la courbure fatiguée du roi, soudain fit face aux étoiles de la soif. Malgré les vignes courant près des fleuves, malgré les citronniers dont l'échancrure des branches appelait la bouche, malgré l'orage ivre qui noircissait l'horizon, le vieux roi avait une soif profonde, une soif d'autre chose. Il était le père mendiant qui, cherchant partout son fils, venait à l'instant de le perdre. Les larmes du roi coulèrent sans bruit sur les pavés.

Alors, sa voix brisée finit par résonner comme pour lui-même :

– Si mon fils ne vient pas, j'irai trouver le seigneur Ensuhgirana et le sang coulera sur ses montagnes bleues. Es-tu sûre au moins que ce garçon était le prince d'Aratta ?

– Je connais son visage comme celui d'un frère. J'ai joué souvent avec lui au palais d'Aratta. Aucun doute.

Šum-usur esquissa un pas arrière pour retourner s'asseoir, avant qu'Enmerkar lui ordonnât :

– Reste ici. Je n'en ai pas fini avec toi. Que peux-tu dire encore ?

– Les hommes qui ont commis ce massacre ressemblaient à ceux que j'ai croisés en passant la porte de tes remparts. Enmerkar, ces hommes qui ont volé le silence, j'ai reconnu leur uniforme. Je suis presque sûre à présent que ce sont tes soldats…

TABLETTE 16

Le masque blanc bien accroché dans la main, debout face à Enmerkar, Šum-usur resta statique lorsque approcha Lugalbanda, le général des armées d'Eana qui aussitôt lui tourna autour en décochant son fouet dont la lanière érafla sa peau avant de claquer sur le sol. Elle ne put empêcher un sursaut.

À cet instant où Šum-usur tenait son masque contre elle, le roi curieusement n'imagina pas une seconde le lui prendre. D'abord parce que – à la lanterne des indications de l'apkallu – il ne semblait faire aucun doute que le masque à rechercher était déjà à Eana, donc ni rapporté ni amené par un quelconque étranger ou voyageur. Mais surtout Enmerkar ne fut pas effleuré par l'idée de le confisquer pour une autre raison : comme si ce masque-là – d'emblée chargé d'une force taboue – imposait son pouvoir, sa marque indicible. Un masque enlevé, n'est-ce pas le symbole du mensonge mis à nu ? Or l'inconscient veut-il toujours la vérité ? Le non-dit agit avec une force plus attractive parfois que la volonté d'y voir clair. Éclaircir les mystères, exige-t-on avant d'aussitôt se mentir à soi-même. Le secret, l'initiation, la face cachée des dieux ; tout à Eana disait que le monde et les hommes ne s'appartenaient pas… pas encore ; pour s'appartenir, il aurait fallu tous les courages, dont le premier eût été d'affronter la lumière crue des choses.

– Ta tribu était sous la protection d'Ensuhgirana, m'a-t-on dit. Quel est ton nom ?

– …

Le regard profond de Šum-usur se planta dans celui, froid, du roi qui insista :

– Comment t'appelles-tu ?

– …

Le silence épaissit le ciel. Les villageois s'amassèrent au pied de la terrasse, pour ne rien perdre de la scène.

– Parle !

Sans rien dire, elle pénétra avec dignité l'âme qui lui faisait face.

– Parle, à la fin !

– …

En contrebas, la foule interdite remua d'un brouhaha sourd.

Alors, avec lenteur, distinctement et prenant à témoin le peuple, Šum-usur proclama à la face du roi :

– Enmerkar, roi du peuple des statues, tu me demandes mon nom : apprends que je n'ai plus de nom puisque les miens ne sont plus. Tu t'apprêtes à fêter l'abondance des moissons ce jour du nouvel an. Mais tes moissons sont rouges, couvertes du sang de notre sacrifice.

J'étais Nisaba-Šum-usur, la fille du roi du désert. Aujourd'hui, par la faute des armées de Lugalbanda – armées qui sont aussi les tiennes – je ne suis plus personne. Mon empreinte a brûlé dans le sable. Mon souffle s'est épuisé. Enmerkar, je suis morte. Telle que tu me vois, je suis une ombre sous un masque. Regarde bien ce masque blanc : s'il me vient la preuve formelle que mon père, ma mère ou mon frère sont morts sous le glaive de tes soldats, je le revêtirai. Ce jour-là – me voyant ainsi masquée, ton peuple alors saura que l'heure sera venue où je tuerai son roi. En attendant ce jour, je ne parlerai plus.

Tandis que l'assemblée médusée retenait son souffle, Enmerkar arrêta net son général lorsqu'il se rua d'un bond vers Šum-usur, un poignard à la main en s'écriant :

– Enmerkar, laisse-moi ! Ôte ton bras et je m'en vais laver l'affront qu'à l'instant cette insolente t'a opposé. Laisse-moi planter ce couteau, elle se taira pour toujours !

Le canif appuya sur la peau fine de Šum-usur. Lugalbanda, entre ses mâchoires serrées émettait un sifflement à chaque glissement infime de la lame le long du cou de l'enfant. Seul le bras d'Enmerkar, barrant le torse de son général et bloquant sa moindre tentative de pas avant, seul ce bras devait à la jeune fille de ne pas être égorgée sur-le-champ. Lugalbanda, de sa colère froide se contentait de fixer Šum-usur, avec toujours entre ses dents ce grincement de pauvre fou.

Qu'avait-il fallu pour déchaîner une fureur pareille ? Cela tenait en un mot : la frustration. Jusqu'à il y a peu, Lugalbanda au fond avait son destin tout tracé. Le trône, le sceptre, la grandeur. À cet homme de courte taille chargé d'un sentiment d'infériorité, la puissance d'Eana était dévolue comme au seul successeur possible d'Enmerkar.

Sa vocation à la succession était acquise et de notoriété publique, en tout cas jusqu'à ce que ce fils fantoche ne surgisse de cette histoire vieille de quinze ans pour déclencher le malheur du royaume. Car voilà bien le problème : la perspective nouvelle – quoique incertaine – de ce fils. Une seule stratégie dès lors obsédait Lugalbanda : empêcher la venue de l'héritier légitime qui lui prendrait tout. Menacé dans ses prérogatives, le général depuis quelques semaines s'en allait marcher loin, très loin au cœur de la forêt des cèdres où seul avec sa fureur, il cognait, cognait sans fin contre les troncs d'arbre avant de revenir montrer ses poings en sang à Enmerkar, à la vue desquels le roi opposait un visage impassible. Alors commençait sa crise de démence : le Lugal[1] vociférait, hurlait qu'il resterait maître de la Beît Riduti – la maison de la succession – et que personne ne lui volerait le sceptre que depuis toujours tout lui destinait. Fuyant ces cris, Enmerkar sortait sur la terrasse, laissant le Lugal plus seul que jamais, son corps se balançant comme un cadavre à la branche pourrie du silence. Voilà comment la tension en était venue à son comble, en quelques semaines seulement, provoquée par la nouvelle selon laquelle le roi aurait un fils.

Oui, une seule obsession pour Lugalbanda : empêcher que ce fils vienne, par tous les moyens y compris – pourquoi pas ? – le sabordage politique et militaire d'Eana. De fait, en lançant voilà quelques jours cet assaut prémédité de la tribu de Šum-usur, il n'avait rien fait d'autre que mettre

1. Lugal : « titre qui désigne un membre de l'élite sociale investi de la plus haute autorité sur le groupe parental ou local dont il est membre » Jean-Jacques Glassner, *La Mésopotamie*.

à exécution ses plans : sciemment signer l'acte de guerre contre le seigneur Ensuhgirana.

Hors du temps, les regards de Lugalbanda et de Šum-usur continuaient de s'affronter, leurs bouches toujours séparées d'un souffle et d'un mince poignard.

Soudain, interrompant le cours de ce temps suspendu, Irnini entra à grand bruit. Elle approcha, résolue ; d'un geste précis, elle éloigna la lame de Šum-usur dont la peau blanche laissa échapper un filet de sang.

– Lugal, garde-toi de faire du mal à cette enfant. Rends-toi à Aratta pour racheter la paix auprès d'Ensuhgirana. Si tu y parviens, reviens m'en informer. Mais si tu échoues, ne reviens jamais.

Puis à l'adresse du peuple pétrifié :

– Je convoque les deux assemblées. Anciens, guerriers et prêtres : venez tous ! Je ne veux pas d'une nouvelle guerre contre Aratta.

Enfin sur le seuil de la porte, elle se retourna en désignant Šum-usur :

– Soignez-la, elle servira aux temples !

Quand la reine Irnini se fut éloignée, le silence retomba.

TABLETTE 17

Muette, Šum-usur inclina le front vers le bas. Tout était fini à présent : elle pouvait commencer de s'emmurer dans le silence… Que dire de plus ? Il était trop tôt pour la vérité.

Autour, ce n'étaient que chuchotements. Enmerkar considéra celle qui, indifférente déjà aux bruissements de la vie, serrait son masque contre elle, comme le seul souvenir dont elle ne se départirait pas. Šum-usur le savait : au temple, elle allait devoir obéir afin de se fondre parmi les esclaves. Sans question, sans colère, juste obéir. Viendrait la sentence quand elle viendrait, plus tard. Il ne lui restait que l'espoir de ce jour où – le visage enfin recouvert de son masque – le bandeau tomberait de ses lèvres, libérant ensemble la justice et les mots. Ce jour-là, les paroles voleraient à tire-d'aile vers un soleil pulpeux comme une orange.

Enmerkar scruta celle qui venait de lui causer une humiliation publique si grave. Mais Šum-usur déjà ne regardait plus le roi. Postée juste devant lui, elle se rangea dans la file de ses serviteurs, à côté d'un esclave du temple qui se présenta à elle sous le nom d'Adapa. Elle baissa la tête. Damù se roula en boule dans son cou. Le ciel tournoyait. Les jardins vacillaient. Son corps pencha vers le sol qui se dérobait sous ses pieds. Ses tempes suaient à grosses gouttes, et tout autour d'elle se brouilla.

Enmerkar pouvait bien chercher dans le regard de cette jeune fille on ne savait quelle vérité ; Šum-usur, elle, ne cherchait rien d'autre que de chasser ses souvenirs. Balayés, la rivière Halil vive comme la truite, les paroles sentant le bois, les soirs crevés d'étoiles, la lune en chapeau au-dessus du feu crépitant ! Rien ne restait de tout cela. Les légendes avaient disparu. Jadis elle était Nisaba-Šum-usur, conteuse et fille du roi du désert des nomades. Aujourd'hui, elle n'était plus personne. Que pouvait-elle encore accomplir ? Il ne lui restait que des graines de mémoire broyées. Il faudrait trier les semences : d'un côté le grain, de l'autre l'humaine misère. Laisser le temps couler, ondoyer dans les fonds de l'oubli. Puis laisser filer loin, très loin le malheur. S'abandonner au néant, aux secrets non déliés. S'abandonner. Alors, peut-être au bout de l'abandon pousserait la fortune sur cette terre de renoncement et de jachère… Šum-usur était devenue le silence, à l'image des statues d'Eana qui jamais ne parleraient.

Peut-être est-ce cela le bonheur : s'oublier ; juste s'oublier…

Enmerkar ne lâcha pas des yeux l'insolente qui, à bout de force, finit tout de même par s'écrouler devant lui, exactement à ses pieds, en mordant la poussière.

TABLETTE 18

Un essaim d'esclaves bourdonnait autour de Šum-usur qui reprit connaissance lentement, par vagues.

– Tu t'es évanouie… Là, ça va aller.

L'enfant s'endormit, s'éveilla, se rendormit au milieu d'un concert de bruits : les écuelles raclées par les esclaves dans la pièce à côté, les voix des infirmières courant contre les murs, le déchirement sec des bandelettes sectionnées dont Irnini enroula les mains brûlées de Šum-usur, les pas claquants de Ninkarrak, sa voix donnant les ordres dans l'infirmerie… Bref, un brouhaha appelant Šum-usur peu à peu au réveil.

Aidée par Ninkarrak l'infirmière, Irnini enduisit puis massa les brûlures avec des onguents et des huiles dont l'essence d'eucalyptus embaumait l'air lourd. La reine caressa les cheveux de l'enfant, lui sourit sous la lueur scintillante de sa lame argentée qui n'avait de cesse – à chaque coupure d'un pansement – de jouer à cache-cache avec les ombres.

Les paupières de Šum-usur clignèrent sous la luminosité trop forte. Son corps, frêle pourtant, avait le poids d'un rocher. Réveil saccadé. Dans quel lieu se trouvait-elle, ainsi allongée sur cette couche à même le sol ? Damù dépiauta des cacahuètes dont il cracha la coque le plus loin possible. Les soignantes le grondèrent. Il tira sur leur jupe, une après l'autre, avant de s'enfuir en roulant sur les toits en mosaïque. Après que les doigts indécis de Šum-usur eurent tâtonné sur le drap – cherchant quelque chose –, la jeune fille ramena contre sa poitrine le masque de son père, le tenant aussi précieusement qu'une relique.

À nouveau, le poignard coupa les bandes lubrifiées, sectionnées par Ninkarrak désormais. Les aides-soignantes parlementaient, allaient, venaient, claquaient les portes. Dans la pièce d'à côté, les esclaves finissaient leur repas en chantant à tue-tête.

Adapa apporta un gâteau de céréales, Irnini une coupelle d'eau. C'est à cet instant que Šum-usur ouvrit grands les yeux. La reine, dont la chevelure brillante et noire luisait, s'assit sur la couche puis porta aux lèvres de la malade un bol de lait de brebis qu'elle lui dispensa par petites gorgées. Une goutte coula qui vint se lover dans les plis minces du cou, essuyée aussitôt d'un geste doux par Irnini. Quand sa lame aux reflets d'argent coupa le dernier pansement, Irnini effaça une larme sur la joue de Šum-usur, puis caressa son front d'une main qu'aussitôt l'enfant repoussa.

Ce soir où Šum-usur revint à elle, le crépuscule menait un combat de vie et de mort contre le jour où perçait la première étoile. Par l'ouverture de la fenêtre, Šum-usur scruta le ciel, espérant y apercevoir la silhouette de sa mère, mais sur la terrasse elle n'entrevit que l'ombre de ce roi qui regardait vers un ailleurs, lui aussi. Enmerkar continuait de guetter son fils qui marcherait vers lui sur le chemin de lune.

Šum-usur n'aimerait rien de ce pays : ni le temple, Ninkarrak ou Adapa, ni le roi ni la reine, ni aucun de ces gens qui vivaient là. Irnini pouvait bien déployer toute la douceur, rien n'y changerait car personne en vérité ne soulage la colère des morts.

Ce soir où elle se réveilla au temple s'acheva donc ainsi. Dès qu'elle fut complètement réveillée, Šum-usur d'un geste sec rejeta la main caressante d'Irnini.

Si Šum-usur avait soupçonné à quel point ces gens qu'elle n'aimait pas, pourtant lui ressemblaient : si lourds de secrets…

Afin d'échapper au vertige, tous les hommes s'essaient à la même danse au bord de leur tombeau. Tous les hommes – que leur vêtement soit d'or ou de poussière – en somme ne sont que des gens de peu. Voilà la condition humaine qui aspire – impuissante – à être davantage qu'un grand cercueil sous la lumière.

TABLETTE 19

– Le vent, sens-tu le vent si léger ce soir qu'il me ferait…

Dub-sar interrompit un instant le flot de sa narration, interpellant directement son maître :

– Ibbi Sîn, il faut te dire qu'à ce stade du récit, le secret devenait lourd. Voilà pourquoi Enmerkar convoqua Ninpiriggaldim dans sa chambre. Ce que je m'apprête à te rapporter est ce qu'ils ont échangé dans la plus grande intimité.

Le dernier roi d'Ur, impassible, ne lâchait pas des yeux la mer ni les soldats sur le rivage attendant la fin de la nuit pour venir le tuer. Assis sur son trône, encore offrant son visage à la lumière et les bras repliés sur sa poitrine, Ibbi-Sîn semblait cet éternel orant faisant offrande aux dieux.

Dub-sar, après un long silence, reprit d'une voix douce :

– Je te rappelle, maître, que ce sont là les paroles du roi à son apkallu…

– Le vent, sens-tu le vent si léger ce soir qu'il me ferait oublier le doute, pourtant pesant comme un fardeau sur mes épaules ? Ninpiriggaldim, assieds-toi au bord de mon lit d'or. Je t'ai convoqué pour te le demander solennellement : mon fils viendra-t-il ? Oui ou non ? Qu'en penses-tu ? Maintenant qu'est compromise la trêve avec Aratta ? Je n'ai guère d'espoir. Et puis

toutes ces paroles voilées dont toi et Barû semblez raffoler ! La sibylle me dit qu'il nous suffit de décrypter le signe de la tablette aux Destins pour retrouver notre chance. Toi tu suggères que la lignée des semeurs de soleils serait née d'un secret ? Quel secret ? Car pour ce qui est de donner une consigne claire, plus personne… Même un indice – trois fois rien s'il le faut – pourvu que concrètement cela m'aide. Tu hoches la tête, imperturbable. Moi, je n'ai plus la force d'attendre en vain. M'en diras-tu davantage ? Dis-moi s'il te plaît, dis-moi ce que je dois faire.

Un dessin ? Quel dessin ? Montre.  *Encore ces signes ? Mais personne n'y entend rien… Barû elle-même a renoncé à les lire. Que dis-tu ?*

Que sous un masque se trouve notre fortune ? Et le calame des semeurs de soleils Gu.sum šà sud.rà ? Arrête de m'aider : je comprends de moins en moins !

Nous mangeons des miettes, mon fils a renoncé à venir me rencontrer – faisant marche arrière vers Aratta. Ensuhgirana nous écrase, et toi tu me prédis d'un coup la liberté, la fortune et le retour de mon fils, le tout sous un masque !? Fariboles !

Ce secret que tu caches « Gu.sum šà sud.rà », comment le deviner jamais ? Tu me perds avec tes énigmes qui m'exaspèrent !

Allons d'accord, allons… Je vais jouer ton jeu une dernière fois : je donne sur-le-champ ordre à mes gardes de fouiller partout, à nouveau dans chaque recoin. Entends, les centurions déjà cherchent à tout va ! Les murs résonnent de leurs pas claquant sur les dalles en quête d'un masque ici ou là. « Sous un masque » ? Eana est la cité des statues, si bien que « sous un masque », ici ce peut être partout : sur l'autel des dieux tutélaires, sur les versants de la colline peuplée d'adorants en pierre, à l'intérieur du temple, au sanctuaire, dans les jardins… À Eana, ce sont cent sculptures qui attendent. Mon royaume est-il en définitive autre chose qu'un peuple de marbre blanc et une colline de masques ?

Mais t'avouerai-je ? J'ai du mal à te croire à présent… Crois-tu que la misère mange des devinettes ? Et surtout ce secret. Partout, ce secret sur mon chemin, comme les ailes tournoyantes des rapaces.

De quel secret parles-tu, pour finir, Ninpiriggaldim ? Dis-le-moi !

II
Le temps des hommes

TABLETTE 20

Dub-sar, se leva, délassa ses jambes sur la terrasse dont il revint avec quelques tablettes d'argile fraîche. Il se rassit puis sans répit grava ces mots tout en les énonçant comme pour lui-même :

Un secret était donc la cause de la malédiction qui frappait Eana. Alors, tout était là : un simple secret ?!  Juste trois symboles indéchiffrables sur la tablette aux Destins, un masque et une phrase : « calame Gu.sum šà sud.rà » ! Cela suffisait à pareil désordre ?

Comme un secret s'insinue partout ! Il obsède. Il étouffe. Il plane comme ce condor au-dessus du berceau de la plage le soir où Meski'ag-gašer disparut dans la mer.

Depuis que Ninpiriggaldim était revenu, chacun essayait d'éclairer les paroles de l'énigme, même Irnini se les passait et repassait en boucle. Pourtant, elle savait bien, elle : le berceau, l'enfant… Mais elle butait. Que voulait dire « calame » et « Gu.sum šà sud.rà » ? Comment comprendre ces trois dessins ? Mages et prêtres se relayaient jour et nuit auprès de Barû, sans succès. Même les incantations à Utu ne donnèrent rien.

Un secret, c'est un linceul à la fois lourd et invisible. Ce sont des mots morts scellant plusieurs destins, sans que ces derniers saisissent ce lien entre eux. Ce secret-là en l'occurrence agissait tout à la fois sur Irnini, Enmerkar, Ninpiriggaldim, Šum-usur, et sur les braves d'Eana. Aussi il leur appartenait à chacun d'exhumer ces phrases défuntes, déterrer ces non-dits afin que la cité d'ombre se rendît à la lumière.

Ils firent tant d'efforts ! Même du fond de la pauvreté, ils partagèrent leur pitance avec les dieux. Les malheureux au ventre vide chaque matin déposaient en offrande des gâteaux sur l'autel qu'abritait tout foyer qui se respecte. Mais rien n'y suffit. Ces sacrifices furent vains, et ils se laissèrent gagner par le désespoir. La cité des semeurs de soleils n'attendit plus rien : ni fortune, ni nom. Le pays innommé, gagné par la fatalité, redevint ce chien crevé au fil de l'eau.

– Les dieux décident de tout, gémissaient les villageois. Et puisqu'ils ont décidé de nous abandonner…

À Eana, seul le roi orphelin continua d'attendre quelque chose d'improbable, de déraisonnable même, mais toujours rattaché à la venue de son fils. Il n'avait pas renoncé. En réalité, cela confinait à l'obsession. Son fils, disait-il, serait seul à même de rendre l'éternité à Eana. À qui voulait encore l'écouter, il répétait :

– Lugalbanda est parti chercher mon fils : ils reviendront ensemble. Il faut être patient ; un jour, l'enfant d'Aratta reviendra.

Personne à la cour n'osait briser cet espoir fou. Enmerkar passait ses journées à promener ses yeux sur les montagnes bleues du pays d'Élam. Heures immobiles. Une larme parfois tombait sur sa main. Une goutte sur sa soif infinie. Les statues en pierre regardaient le roi pleurer.

Pas plus que les autres, Irnini n'avait la clé du message de Ninpiriggaldim. Du haut de la terrasse, la reine tristement observait les villageois errant comme des âmes en peine, certains pliant bagage pour fuir ce cauchemar.

Le seul bonheur d'Irnini était Šum-usur. De jour en jour la jeune malade retrouvait des forces. Certes, Šum-usur montrait contre Irnini une hostilité farouche – la repoussant quand la reine lui touchait la joue, faisant mine de ne pas entendre quand elle lui parlait, allant jusqu'à détourner son regard s'il croisait le sien – mais qu'importait, après tout ? Cette réticence marquait une santé retrouvée. Irnini n'en voulait pas à cette enfant perdue. Elle avait compris que Šum-usur était habitée par des fantômes ; un certain sentiment maternel attachait même la reine à cette jeune fille dont elle guettait le premier pas, comme le signe enfin de son rétablissement.

Pour l'heure, et depuis qu'elle était arrivée à Eana, Šum-usur n'avait pas quitté son lit, ni même posé un pied à terre. Les jours s'étaient écoulés à regarder les roseaux flamboyants par la fenêtre, et surtout l'île du Mudhif qui l'appelait aux rêves qu'elle se permettait encore. Elle rêvait de s'échapper sur cette île là-bas où dansaient les roseaux. Šum-usur écoutait le chant des villageois monter jusqu'à sa fenêtre dans le silence triste. Car malgré leur souffrance, les gens d'ici chantaient. Les artisans devant leur échoppe, les orants au pied d'Enki, même la sentinelle sur son guet ! C'est toute la rue principale d'Eana qui chantonnait finalement ce refrain que les enfants avaient inventé en sautant à cloche-pied :

Chante les secrets d'enfant :
Saute sur les cailloux
À pieds joints dans le vent,
Puis fais la grande roue !

Sur la lune, sur le Temps,
Danse avec l'apkallu.
Chante les secrets d'enfant :
Mets le masque des fous !

Enmerkar, Irnini et Šum-usur : chacun à sa manière était accroché aux fils invisibles du secret ; ensemble comme des pendus balancés à un arbre, trois ombres côte à côte.

Oui, le secret avait semé la mort. Eana mourrait si rien ne changeait, car un vautour attendait de l'autre côté du désert : Ensuhgirana. Le moment était venu. Ensuhgirana bientôt fondrait sur l'arrogant Enmerkar qui par trop souvent l'avait humilié, lui ravissant le cœur et le lit d'Irnini. Le seigneur d'Aratta, guettant près de la vigne et la vie d'Eana ne tarderait plus à se délecter du sang de la victoire ; déjà sa bouche approchait de la coupe. Tout comme le vin, les âmes sont bues par ceux qui les piétinent. Aujourd'hui le roi des montagnes bleues du pays d'Élam planait en maître au-dessus de sa vieille rivale, prêt à la dépecer, enfin.

Bientôt. Bientôt la guerre et la victoire d'Ensuhgirana qui n'attendait que son tour.

TABLETTE 21

C'était un matin. Vint le jour où Šum-usur se leva. Des semaines qu'elle attendait cela ! Ce matin où elle tenta le premier pas… tant de choses indicibles… D'abord hissée sur les coudes, essoufflée, elle attendit assise au bord du lit que s'estompent les douleurs diffuses dans ce corps engourdi qui réapprenait à bouger. Irnini soutenait le bras droit de Šum-usur, Ninkarrak le gauche tandis que se dépliaient les jambes de la convalescente. Sa tête tournait. Vacillant un peu, mais bagarrant pour rester debout, elle regarda le Mudhif qui tanguait sur l'horizon. Elle se tenait droite, et ses yeux pour la première fois pénétrèrent l'entier panorama dont elle découvrit enfin toute l'ampleur de face. Elle fit un second pas. Les muscles de ses cuisses tremblaient. Un autre pas. Arrêt pour souffler. Troisième pas ; lentement, puis un autre plus rapide… Au final, elle se déplaça ainsi, précautionneusement jusqu'au patio où jaillissait une source au creux des rochers. Du patio, on apercevait l'immense décor des marais.

– Šum-usur, tu es guérie… guérie, entends-tu ?!

La jeune fille continua de regarder les roseaux.

– Il faut fêter ta guérison dignement : nous pourrions aller sur l'île du Mudhif dès que tu te sentiras tout à fait bien ?

Les yeux de l'enfant s'illuminèrent d'un coup.

– Bien, c'est entendu. Demain matin, une séance de massage, puis nous irons en pirogue jusqu'aux marais !

Irnini venait de promettre à Šum-usur ce dont tous les esclaves rêvaient. La jeune fille scruta encore le pinacle de la cabane des esclaves surplombant les moissons, la mer, l'île de lumière, le souffle des alizés dans les roseaux sauvages. Le Mudhif : songe d'écume. Soleil au bout du bout des vagues. Rien qu'une chimère, cette promesse des roseaux ? Et après ? Si elle redonnait le goût de jouer aux enfants, cela était déjà bien assez, non ?

**
*

Le lendemain les choses se déroulèrent comme prévu. D'abord le réveil, très mouvementé sous la houlette de Damù. Šum-usur n'avait pas encore ouvert les yeux que déjà le petit singe – de pirouettes en pirouettes depuis la cascade du patio – atterrit sur le ventre de sa maîtresse, en l'éclaboussant de son poil mouillé. Après avoir tapé les fesses de Damù, Šum-usur s'étira, rassurée de s'être débarrassée de celui qui aussi sec revint à la charge en s'ébrouant, pour la tremper cette fois de la tête aux pieds. Ouvrant les paupières puis se frottant les yeux, elle dispensa cette fois une raclée magistrale à Damù. Dehors, l'aube évanouie laissait place au plein soleil. Quand Irnini entra en souriant, Šum-usur fit signe qu'elle était prête. Damù, parti bouder dans un coin de la chambre, revint timidement se lover dans le cou de sa maîtresse.

Irnini approcha, effleurant la joue de Šum-usur d'une caresse doucement repoussée par l'enfant. La reine fit semblant de rien. Sans sourciller elle commença le massage. Après deux semaines d'alitement, la peau brûlée enfin s'adoucissait à l'endroit des plaies creusées par le désert. Elle huila le corps de l'enfant, palpa les stigmates sur les pieds et les mains jusqu'à ce que la peau retrouve sa souplesse, sa clarté même, contrastant avec l'ébène de ses cheveux.

Puis Irnini massa les muscles atrophiés de Šum-usur, dont le corps peu à peu se sentit plus vivant sous les gestes précis et vifs du massage.

Nisaba-Šum-usur s'était muée en une jeune femme belle, à l'allure sauvage, aux courbes longues et fines. Son visage semblait s'offrir : autour des yeux immenses, la chevelure noir de jais noyait une peau de lait dont chaque pore buvait la lumière. Ses dents blanches mordaient le jour, et ses lèvres charnues disaient aimer cela. Son port de tête arborait une mélancolie qui demandait : où sont-ils ? Šum-usur ne parvenait d'aucune manière à se délester de cette question obsessionnelle : que s'était-il passé dans la forêt d'Aratta dont les cèdres se courbaient pour laper les eaux de la rivière Halil ? L'incertitude rendait impossible toute espèce de deuil. Sans nouvelle de ses parents, Šum-usur se balançait à l'à-pic d'un précipice dont seul le silence la protégeait, l'empêchant heureusement de basculer. Juste savoir ce qu'ils étaient devenus : elle réclamait la vérité. Seule cette vérité saurait la délivrer de son mutisme.

Pendant le soin, Damù – soucieux de sentir bon – plongea sa main dans le pot à parfum qu'aussitôt Irnini chassa en tapant ses longs doigts poilus. Il recommença, mais cette fois, elle le fessa si fort qu'il déguerpit sur-le-champ avec le fracas d'un perroquet à qui on vient de voler dans les plumes. Pendant le massage, le regard de Šum-usur comme à chaque fois s'évada par la fenêtre. C'était donc cela, le Mudhif dont parlaient les esclaves avec fierté !? Un rare nuage passa qui frôla son toit pointu. Drôle de cabane qui brinquebalait sur un îlot clapotant au milieu des marais, rompant ainsi la tristesse des étangs ! Tel un arbre sorti de l'humus noir, le Mudhif rugissait de la gueule de la terre. Il était à portée de main, baigné par le ciel d'or, la mer ocre et les roseaux rouges. Cet espoir sorti de la glaise avait juste poussé sur la misère des hommes. C'était une coulée de soleil, un lézard sous la chaleur ! Au travers de la petite lucarne, cette cabane était un serment de voyage. À lui seul, ce bout de chaumière était l'avenir et le souffle des dieux.

**
*

Adapa et Ninkarrak attendaient devant la pirogue de Ninpiriggaldim. Šum-usur monta en premier, puis Irnini. Damù enfin sauta et s'écrasa dans le fond de la barque avant de se réfugier sur les genoux de Šum-usur qui lui caressa la tête. La pirogue se mit à voguer vers l'île. Sur le ciel rouge, dans le levant déchiré par le vol criant des oies sauvages, le Mudhif apparut d'un coup. Habile tressage – de roseaux et d'herbes sèches, assemblé de canne et de massette, entortillé de roseaux et de typhas, natté de feuilles de bananier – ses parois semblaient frêles, son allure indécise et ouverte à tous les vents. Il n'empêche, le Mudhif était grand sous le soleil, comme la seule puissance que les esclaves ne posséderaient jamais. Cette cabane de roseaux, c'était leur fierté et leur liberté. Ils n'oubliaient pas l'avoir bâtie de leurs mains. Leur sueur et leur sang imprégnaient à jamais la paille des voûtes cambrées sous les vents marins. D'allure noble, son fronton s'ornait de scènes sacrificielles dessinées par Bur-Gul le graveur d'Enmerkar. Après la matinée de moissons, dès que le zénith commença d'accabler les hommes, ceux-ci s'y réfugièrent ensemble pour le repas et la sieste. Là ils se désaltérèrent à l'ombre, se restaurèrent de galettes d'orge, de poissons grillés, de dattes et d'oranges, et enfin reposèrent leur dos épuisé sous la fraîcheur.

Ce matin, les domestiques étaient particulièrement heureux de faire visiter leur cabane à cette jeune fille muette qui les suivait, fascinée par ce qu'elle découvrait. Avec empressement, ils l'emmenèrent aux quatre recoins de l'île : les champs, la mer, les îlots des marais, puis le clocher pointu du Mudhif sur lequel Šum-usur parvint à se hisser en se faisant aider. De là-haut, on embrassait d'un regard tout le royaume : Eana et Kullab, puis l'arrière-pays avec Shurruppak, Adab, Nippur Lagash, Umma et même Eridu, toutes ces cités s'éparpillant dans le lointain hanté de travailleurs besogneux. Les uns moissonnaient, bêchaient, traçaient des sillons, les autres ramassaient le chanvre, récoltaient le miel. Quand Šum-usur passa devant les esclaves, ils la taquinèrent avant de se raviser, comprenant que la jeune fille ne parlait pas. Enfin à l'heure du repas, ils invitèrent Šum-usur – avec Irnini, Adapa et Ninkarrak – à partager la table sur laquelle pour l'occasion ils avaient sorti des sars, des oies cendrées, des galettes d'orge, de la bière. En dégustant ces mets de fête, ils parlaient, chantaient, riaient puis ils posèrent leurs mains rugueuses sur leurs ventres repus, pour un somme.

**
*

Le soir bientôt tomba. Le ciel profond déjà rassemblait ses moissons de feu. Il était temps de rentrer au temple. L'île s'éloigna ; la cabane se fit de plus en plus petite dans la barbe des blés, se cognant presque à la lune. Tandis que la pirogue remontait lentement le fleuve Buranun, Šum-usur laissa jaillir ses larmes. De cette journée, elle revenait parfumée et colorée de boutons d'or, de lilas, de bleuets, d'amandes, de rouges capucines, de menthe poivrée. Ç'avait été un jour de magie qui, en rappelant si fort la vie, avait aussi rouvert la cicatrice du passé. Irnini serra Šum-usur dans ses bras ; l'enfant pour la première fois se laissa glisser contre elle, redoublant de sanglots. Qu'y avait-il de si spécial au Mudhif pour raviver ainsi la douleur ? Il n'y avait rien, presque rien ; juste une cabane, puis contre cette cabane, un ciel de fleurs habile à dévaster la tristesse des enfants.

Comme un papier froncé, le brun de l'île s'effaça complètement entre un blason de dahlias, des tiges de vanille et un massif de lavandes. Au-dessus de la rive, le temple d'Eana se rapprochait. À l'un des murs du temple, Šum-usur songea qu'étaient accrochées ses chaînes, puisqu'elle était devenue une esclave parmi les autres. Damù sauta sur l'épaule d'Adapa ; rapide comme l'éclair, il lui tira un poil du nez.

– Aïe ! Damù, arrête ou je te jette dans l'étang aux crocodiles !

Pour la première fois, le temps de cette traversée en barque, Šum-usur demeura blottie contre Irnini, tenant dans sa main la main de la reine qu'elle ne lâcha plus jusqu'au rivage d'Eana.

TABLETTE 22

Dub-sar se leva. Son crâne nu était couvert d'une fine pellicule de sueur qu'il essuya avec un pan de l'étoffe longue de son jupon kaunakès. La nudité cuivrée de son torse large et de ses bras puissants paraissait apte à ouvrir, d'un seul geste la nuit profonde, éclairée çà et là d'étoiles sur la mer. Dub-sar doucement s'approcha de la statue du grand dieu Sâmâs, déposant à ses pieds la vingt et unième tablette – encore fraîche – qu'il venait de graver de ses mains rougies et mouillées par l'argile.

En signe d'acquiescement au fil de la narration de son scribe, les mains d'Ibbi-Sîn, jointes à même sa poitrine, se plaisaient de temps à autre à se décroiser pour caresser sa barbe aux boucles égalisées. Hormis ce geste récurrent, Ibbi-Sîn demeurait toujours immobile sous sa tiare, comme un orant de pierre présentant un sacrifice aux dieux.

Dub-sar se rassit en tailleur sur son coussin, puis reprit le cours de son récit, tout en commençant de graver la vingt-deuxième tablette :

Indifférente à la guerre dont pesait la menace, chaque jour que Šum-usur vécut aux champs fut revigorant, parfaitement à l'image de son premier jour sur l'île. Toutes les journées désormais obéirent au même rituel.

À l'aube, quand le perroquet jacassait sur la terrasse, Šum-usur rejoignait en pirogue l'île avec Adapa, l'esclave avec lequel elle partageait sa chambre. Sitôt arrivée au Mudhif, ses vêtements de travail une fois revêtus, elle gagnait les champs où elle s'attelait à mille tâches, récoltant, coupant, creusant des sillons. Elle garnissait des jarres vides avec des graines – épeautre, blé et orge – des fruits, des olives ou même de l'argile fraîche pour la confection des briques. Sa fourche déracinait les ronces, les abricotiers roses, les baillons aux remords, et les étoiles jetées en pluie. Sur les rocs en quinconce, elle dansait avec les chevreaux puis, assoiffée, grimpait au figuier pour attraper un fruit chaud et violet. Alors un grand craquement lui rappelait que Damù non loin de là sautait d'une branche à l'autre dans les arbres du verger. Dès que sa maîtresse le grondait, le singe bondissait près de Šum-usur avec sur la tête une branche à laquelle des pommes pendaient, accrochées. Il défilait ainsi dans un va-et-vient ostensible, doté de sa singulière coiffure, oscillant de la croupe et rejetant la tête en arrière, d'une allure fière devant les esclaves amusés. Malgré ses protestations, sa maîtresse finissait toujours par lui enlever son couvre-chef fruitier, croquant dans la pomme puis reprenant sa cueillette.

À midi, Šum-usur dépliait lentement son échine courbée, posait sa faux puis rejoignait les esclaves qui préparaient le repas au Mudhif. Quand elle passait le seuil de la porte : toujours la même impression magique d'entrer dans une ruche ! À l'intérieur de la cabane, les esclaves bougeaient comme s'ils faisaient du miel. À toute volée, les uns et les autres cuisinaient, cousaient, balayaient, lavaient le linge, triaient les grains blonds, préparaient les jarres pour la bière. Les esclaves souriaient du silence têtu de la jeune fille, si singulier, qui s'accommodait avec un plaisir évident de leur présence bourdonnante. Seule Šum-usur en effet, parmi cette nuée d'abeilles, bougeait sans bruit. Son mutisme calme aimait leur essaim assourdissant. Bien souvent, ses camarades la questionnaient : pourquoi se taire ? Où se cachaient ses mots ? Ils la piquaient de questions jusqu'au jour où ils comprirent que rien ne lèverait le voile de cet exil intérieur. Elle ne parlerait pas. Ses lèvres étaient le désert de sa voix : aride, nu, sans mots. Du monde, elle ne savait plus que le chant secret.

Le repas fini, deux ou trois fermiers à la voix de stentor racontaient des histoires en riant avant de s'assoupir dans la chambrée jouxtant la cuisine. Les autres restaient attablés de longs moments après le repas : sur la table ils avaient posé le roseau, la massette, le typha et les cannes de jonc que patiemment ils enchevêtraient dans un tissage aussi serré que leurs âmes tressées d'amitié indéfectible.

Chaque journée imposait un labeur écrasant au point que Šum-usur l'achevait totalement vidée ; lorsqu'au crépuscule le gibier d'eau rasait les roseaux du Mudhif coassant de grenouilles, c'était signe qu'il fallait rentrer. Sur la rive des Mille-Soleils, les esclaves attendaient la pirogue de Ninpiriggaldim qui les ramènerait au temple. Pas un soir Šum-usur ne quitta l'île sans pleurer. Invariablement elle sanglotait quand s'effaçaient les couleurs de l'île : le vent bleu, les palmiers ocre, le rouge des labours, le parme de la gentiane, les fenaisons ambrées, les fleurs de garance, le thé rose, l'or des genêts, le rubis des cerises. Le Mudhif en disparaissant vidait son cœur de ses couleurs, le faisant saigner comme un morceau de vie arraché, pour la ramener vers ces remparts où les feuilles se décrochaient des arbres autant que la lumière s'écartait de la nuit. Comme si le meilleur du monde était voué à demeurer sur l'île.

En grimpant la butte dans le soleil couchant, invariablement Šum-usur faisait une halte près de l'arbuste où l'attendait le bélier au doux pelage roux dont elle caressait l'étoile sur le museau. Le bélier bêlait de plaisir. Près de lui, les statues en pierre ne bronchaient pas, leurs lèvres étant obturées – prétendaient les apkallu – par le secret d'Eana.

Sitôt arrivée au temple, Šum-usur commençait par servir le repas d'Enmerkar. Ensuite seulement elle mangeait dans la cuisine des esclaves, avant de rejoindre sa chambre sans tarder – la seule chambre offrant une ouverture – qu'elle partageait avec Ninkarrak et Adapa. Là, accoudée à la fenêtre, elle observait le Mudhif dans les marais, jusque tard dans la nuit. La terre ne mentait pas : les moissons possédaient la puissance d'exalter ce soleil de cocagne tapi au fond des pauvres gens. Quand sa fourche relevait les foins et les étoiles, toute la tristesse de Šum-usur volait, la misère humaine troquant ses chaînes pour des sabots de joie.

Était-ce l'effet onirique de la nuit ? À sa fenêtre, Šum-usur s'inventait mille légendes : fable d'un prisonnier brisant ses chaînes, épopée d'un bouclier, récit d'un despote dont la tyrannie enfin serait arrêtée net par l'écume de mer creusant à même la pierre une loi qui interdirait l'esclavage des enfants. Méditer… La vie ne commence-t-elle pas par un poème ?

**
*

Vivre, c'est aimer aussi. Depuis peu un tisserand au Mudhif regardait Šum-usur avec soif. Ce regard d'abord l'avait troublée, et maintenant lui manquait quand elle ne le sentait plus couler puis se planter en elle. Ce regard lui donnait chaud, à tel point que la nuit, elle continuait de brûler de sensations inconnues.

**
*

Une année déjà depuis la disparition de la tribu. Il y avait un an que tous ces rituels duraient. Chaque matin Šum-usur arrivait souriante au Mudhif, le quittant ravagée de larmes le soir. Quatre saisons durant lesquelles les moissons avaient été sa seule joie, l'ouvrant au monde comme une châtaigne dont peu à peu s'écarte la coquille d'épines. Les champs, les roseaux, les fleurs, la nature tout entière agissait sur Šum-usur comme une guérison. Une guérison sur la plaie d'un secret inviolable.

Ce soir-là, avant de s'endormir Šum-usur tournée vers les montagnes bleues se confia à sa mère dans le silence de la nuit :

– J'ai mis le temps, maman, le temps dont l'amour a besoin pour abattre la haine, le temps qu'il faut aux tempêtes pour calmer les vagues, aux guerriers pour laver le sang, à la nuit pour servir le jour. C'est ici, juste où les dieux ont semé le premier firmament que sans toi je parviens enfin à retrouver quelques petits bonheurs. Veux-tu que je te dise ce que sont mes petits bonheurs, maman, à Eana si loin de ton sourire ? Ce sont quelques moissons, des roseaux, le sel sur ma bouche et le sourire de ce tisserand qui ne me quitte pas des yeux depuis quelque temps. Chaque jour, je sens qu'il m'attend au Mudhif. Ce tisserand ressemble à ce pays ; il est le blé sur le malheur. Rassurant, sa charpente est brute, ses reins se cambrent, comme les fleuves vers les lèvres pleines du golfe. Juste par sa présence, il m'envahit de caresses puissantes, comme s'il avait décoché une flèche en plein cœur de mes nuits. Maman, si tu étais près de moi, je voudrais que tu me dises si ce que je ressens là est ce qu'une jeune fille connaît…

Sans réponse, sa prière inachevée s'endormait. Les rives s'écartaient. La nudité des roseaux décoiffés semblait un lit défait qui sent l'amour. Dans ce pays, l'eau ruisselait partout, réveillant jusqu'au mutisme du désert. Terre d'enfance. Terre de femme.

TABLETTE 23

– La tablette aux Destins… C'est impossible !

Ce soir-là, quand elle revint des champs, Šum-usur entendit des éclats de voix sur la terrasse où Irnini, Enmerkar, les notables, les anciens du village, les guerriers, la haute et la basse assemblée tenaient une réunion. Sous la tonnelle, tous agenouillés devant l'autel d'Utu, ils parlementaient avec une mine catastrophée. Šum-usur, intriguée pourtant par ce climat fiévreux, résolut d'aller nager dans le patio adjacent à la terrasse. Dans la grande vasque creusée dans la roche, elle nagea un long moment avant de remarquer une cape de tissu beige qu'elle connaissait bien. L'homme en arrêt au bord du bassin regardait le corps de Šum-usur plonger dans le fond avant de réapparaître à la surface et fendre l'eau. C'était bien lui. Le tisserand du Mudhif. Remontée du bassin par trois marches, Šum-usur ne parvint pas à l'éviter ; en le frôlant, elle fut saisie par la douceur de son sourire. Il ne lui dit rien. Il se contenta comme à son habitude de la regarder, et c'est tout en elle qui prit feu sous ce regard. Ses mains. Ses lèvres. Le creux de ses reins. Sa gorge se serra. Elle s'enfuit en courant, en direction de la terrasse secouée par le vacarme des débats.

Šum-usur s'approcha un peu et ce qu'elle vit la sidéra. Fallait-il y croire ? La statue d'Utu avait été volée. Comment les voleurs avaient-ils procédé ? L'autel portait encore les marques de burin et quelques encoches de marteau. De quelle façon ce marbre immense avait-il pu être détaché de son socle puis surtout déplacé, cela en une nuit ? Avec ce colosse dans les bras, même faire un seul pas relevait de la gageure ! Il était invraisemblable que quiconque – un seul homme ou dix à l'unisson – ait eu la force de transporter une masse aussi lourde, et pour la transposer où ? Le constat s'imposait pourtant, implacable : il n'y avait plus de statue portant la tablette aux Destins. Qui avait commis cela ? Le crime bien sûr profitait à Aratta, mais personne ne se hasarda à une quelconque accusation à défaut de preuve tangible. Les anciens hochaient la tête, perplexes devant le socle vide d'Utu qui jamais plus ne veillerait sur la fortune au demeurant versatile d'Eana.

La lumière entre chien et loup assombrissait l'horizon ; quelques rayons du jour plongeaient vers le patio par un trou découpé dans le sommet de la cheminée rocheuse, faisant de cette déchirure naturelle de la pierre un puits de lumière. De la sorte à ciel ouvert, la source tombait, roulait, caracolait depuis le haut pour atterrir et remplir le bassin que formait la roche au sol en se fronçant. Šum-usur plongea à nouveau dans l'eau. Son souffle haletait tandis qu'elle avançait en mouvements souples sous l'eau. Le tisserand était toujours là, debout au bord du bassin. Il lui sourit, et elle eut envie de pleurer. Quand d'un coup Damù sauta sur l'épaule de Šum-usur pour l'embrasser, celle-ci repoussa la boule de poils gentiment, d'un air discrètement dégoûté qui fit rire l'homme aux éclats.

Sur la terrasse, la réunion avait repris. Dans un climat grave, on essayait de venir à bout du malheur d'Eana, au prix de gloses sans fin, lesquelles – personne n'était dupe – ne résoudraient rien. D'un bond, Damù s'invita au milieu de l'assemblée. Depuis le rocher du patio, il sauta jusqu'au beau milieu du cercle des notables, son poil mouillé aspergeant au passage tout le monde. La main d'Irnini d'un geste vif le chassa. Réfugié sur le rebord de la fenêtre, Damù s'assagit un instant, avant de revenir s'ébrouer, de plus belle arrosant les hommes contrariés, qui bientôt ne purent réprimer un fou rire à la vue de ce singe ahuri dont le grelot ne cessait de tintinnabuler.

Irnini finalement clôtura l'assemblée sur ces mots :

– Mes amis, des heures que nous réfléchissons… Il n'y a qu'une solution : demain à l'aurore je partirai vers Eridu – la demeure d'Enki le dieu des Me – pour qu'il me remette le Me de la fortune. Les Me, vous le savez sont l'essence, le souffle de la matière. Les Me sont comme les mots qui créent ce qu'ils désignent : sans eux, rien… Doté d'un Me en revanche, un souverain n'a qu'à ordonner pour que tout se fasse ; tout devient donc facile. À Eana, il en est ainsi de tous les objets, et chaque chose a son Me : Me du baiser, Me de la famille, Me du bonheur, Me du silence révérencieux, Me de la justice et de la lamentation, Me de la bergerie et de l'élevage. Or, en volant la tablette du destin où se trouve le secret de notre prospérité perdue, c'est comme si notre voleur avait tout pris d'un coup : toutes les richesses plus l'espoir de leur reconquête ! Déjà qu'un secret nous étouffait... Que faire d'autre pour nous donner une ultime chance de renaître que de se rendre chez Enki ? Alors oui, je vais demander à Enki s'il existe un Me de la fortune. Eridu est à huit jours de marche ; je partirai à l'aube. »

**
*

Irnini prépara son départ minutieusement. Une besace, une outre, des galettes de céréales.

Les hommes pleurèrent un long moment en silence. Si Irnini partait, que leur resterait-il ? Irnini régnait en reine tutélaire sur Eana. Les villageois s'étaient tant bien que mal accommodés à leur misère, précisément grâce à une richesse inestimable qu'ils avaient gardée au fond d'eux : la dévotion à leur reine. Or ce soir elle annonçait son départ et les pauvres d'Eana redoutaient que commençât pour eux l'infini du malheur.

Une dernière fois, la reine s'agenouilla devant la place vide d'Utu dont seul restait, jonché sur le sol, un infime fragment de la tablette aux Destins. Toute la nuit, nombreux furent ceux qui défilèrent sur la terrasse pour tenir compagnie à la reine. Ce furent Enmerkar bien sûr, Barû la chamane, Bur-Gul, Dublal le juge, mais aussi Epû le boulanger, Lunga le brasseur, Ashgab le tanneur, Kudim le doyen des orfèvres, Nagar l'ébéniste puis tous les damgar – hommes du grand commerce : tous mêlèrent leur voix pour souhaiter un bon voyage à leur reine. En guise d'adieu, ils la firent rire et pleurer, l'entourant de mille recommandations. Même Damù vint se lover dans le cou d'Irnini, encore tout mouillé d'être allé patauger dans la source du patio.

Ninpiriggaldim sans un mot se prosterna devant le panthéon, puis ranima un à un les hauts flambeaux qui d'un coup illuminèrent le temple et les versants de la colline où les villageois s'étaient rassemblés en silence. Telle une foule murmurant une plainte infinie, les flammes des torches se frôlaient sans bruit, léchaient les murailles, éclairant les arceaux de rosiers et les larmes figées du rempart. L'apkallu déposa sous le rayon de lune l'offrande d'un cabri sauvage chassé sur la montagne. Enfin il grava un signe sur une perle de lapis-lazuli, dont il garnit l'autel vide, ajoutant aussi un fagot de bois.

Quand Irnini abandonna un dernier baiser sur le front de Šum-usur encore endormie, la lune crachinait de pâles scintillements sur le piédestal fracassé d'Utu. Šum-usur, à bout de fatigue dormait, tandis que le monde pleurait autour d'elle. Elle était la proie du même cauchemar chaque nuit : dans la contrée des ombres, le long du fleuve de la mort, un rire suivait le cortège de sa tribu. Et ce rire n'en finissait pas…

– Que reste-t-il aux hommes quand ils ont tout perdu ?

Dub-sar interrompit un instant le flot de sa narration, releva son regard d'enfant, puis caressant machinalement de sa main rougie par l'argile son crâne nu, il l'essuya aussitôt avec l'étoffe en tissu de son jupon kaunakès.

Ibbi-Sîn esquissa un sourire qui un instant fendilla son immobilité. Le roi scrutait le rivage où les soldats attendaient pour venir le tuer ; il attendait, assis sur son trône, visage à la lumière et bras repliés sur sa poitrine, toujours…

Dub-sar reprit de sa voix douce :

– Que reste-t-il aux hommes quand ils ont tout perdu ? Privés de tout, arrachés à l'essence des choses, il leur reste ce rire qui poursuit comme un fou la marche des morts. Au loin du lointain de leur déchéance, il leur reste le rire grinçant de la fortune perdue. Le rire de Dieu. Le rire du diable. Le rire du secret sous les masques.

Enfin Dub-sar grava ces quelques mots en silence :

Irnini s'éloigna d'un pas sur le chemin d'Eridu, et la légende encore aujourd'hui raconte que le cours des fleuves se figea, la Terre retint le vent, les nuages arrêtèrent leur course et les statues pleurèrent.

TABLETTE 24

À l'ombre des remparts, à peine Irnini avait-elle disparu qu'on éteignit les flambeaux géants au pourtour des murailles en cônes de mosaïques noirs et rouges. Les torches baissèrent, laissant place aux vapeurs étouffantes de la fin d'été. Tout. La joie, l'espoir, le jour même… Tout devint nuit de l'âme. Eana d'un coup ne fut plus qu'un souffle arrêté. Les habitants s'étaient terrés dans leurs maisons comme des souriceaux au fond du trou ; des heures entières sans sortir ! Agenouillés chacun dans la chapelle de leur maison, ils priaient, retranchés. Personne sur la colline. Les champs étaient gris. Depuis la terrasse, on apercevait seulement ici ou là deux, trois esclaves sur l'île du Mudhif, creusant un sillon sous le ciel ourlé de crues menaçantes. Le ciel trébuchait dans les fleuves. Les sculptures – plus vivantes que les humains – penchaient de tristesse. Le sanctuaire aux mosaïques de cônes appelait de ses zébrures rouges et noires le prince d'Aratta qu'Enmerkar ne désespérait pas de voir revenir, par l'entremise de Lugalbanda. La cité qui d'habitude surplombait les roseaux et frôlait le soleil, à cet instant-ci fouillait le limon dont elle ne déterrait rien : ni nom, ni fils, ni fortune. Seul le cœur des temples et des pierres battait encore ici !

Quelque chose changerait-il enfin le cours des choses ? Ce masque, ce secret quels étaient-ils ? Introuvables et toujours si pesants qu'ils asphyxiaient ici la vie de chacun, qu'il en soit ou non conscient.

**
*

De fait, une lueur d'espoir revint, car contre toute attente Lugalbanda rentra de sa mission. Triomphant, il annonça que le prince d'Aratta viendrait à Eana rencontrer Enmerkar le jour de Dul-Ku.

– Comment l'as-tu convaincu ? s'étonna Enmerkar. Lui si résolu à ne plus venir…

– J'ai informé le prince de ce que je crois tenir pour vrai, à savoir qu'Irnini est sa mère…

– Tu lui as dit… ?

– Le prince a posé mille questions sur Irnini.

– Que lui as-tu répondu ?

– Encore ce que je tenais pour vrai ! J'ai dit au prince qu'il n'avait pas à rougir ; que sa mère était la déesse tutélaire d'Eana : à la fois maîtresse femme, souveraine des affaires de la cité, mère universelle, matrice sacrée des peuples et de leurs arts. J'ai rappelé que le peuple des statues, chaque jour prie devant sa beauté pâle. Il ignorait tout…

– Et de sa naissance, en as-tu parlé ?

– J'ai raconté qu'Irnini, femme autrefois sauvage, avait mis au monde ce fils par l'accouchement sacré. Les parois souterraines du temple s'en souviennent qui dédient leurs fresques à cet enfant – symbolisé sous les traits d'un petit taureau. Ce petit taureau, c'était probablement lui, non ?

– Tu es bien imprudent, et comment d'ailleurs serais-tu certain de la véracité de tes propos alors que moi-même…

– Je sais, Enmerkar, il y a un doute. Tout le monde au royaume doute. La rumeur ou la vérité : quelle importance ? L'essentiel était de le faire venir, non ? J'ai évoqué alors une bataille sanglante entre Eana et Aratta, après laquelle Irnini vous aurait regardés toi et Ensuhgirana, comme deux rois malades de leur guerre. J'ai imaginé les combats laissant un désert jonché de cadavres ; j'ai prétendu qu'Irnini avait pleuré tout ce qu'elle avait de sanglots.

– Cela n'est pas si loin de la réalité !

– J'ai imaginé sans mal la suite : comment, venant de comprendre que s'éteindrait le monde, Irnini avait alors résolu de partout y chercher la beauté, commençant par vouloir la paix entre toi et Ensuhgirana, sans succès pourtant.

– Voilà la seule chose incontestable – pour en avoir été partie prenante – de tout ce que tu as asséné au prince… Mais qu'a dit le prince pour finir ?

– D'abord le prince a dit : « Le ventre d'Irnini est sacré, comme celui de toutes les mères… Au fond de la nuit universelle, certes tous les guerriers, les prêtres, les bergers, les princes ou les esclaves, certes tous les hommes au fond de la nuit savent qu'ils sont le fruit d'un ventre sacré, mais… »

– Mais ?

– « Le massacre de la tribu de Šum-usur près d'Aratta est impardonnable, impardonnable, impardonnable… », répétait sans cesse le prince d'Aratta.

– Mais moi Enmerkar, je n'y suis pour rien, ni Irnini.

– Je sais, c'est ce que j'ai objecté.

– Viendra-t-il malgré tout ?

– Oui, pour finir il a promis qu'il viendrait pour sa mère.

– Lui as-tu parlé de moi ? demanda Enmerkar.

– Non, je n'ai pas voulu le braquer. Mais l'essentiel est là : il va venir. Il sera à Eana pour les fêtes de Dul-Ku.

– C'est bien. Cela nous laisse un peu de temps pour préparer sa venue. Et puis avec un peu de chance Irnini sera de retour. J'attendrai donc que mon fils vienne.

– Puis-je rester à la Beît Riduti ? questionna le Lugal en reculant de quelques pas.

– Oui. Tu as fait ce que tu devais, Lugalbanda.

– Autre chose, Enmerkar.

– Quoi donc, Lugalbanda ?

– Il manque un chef des canaux et des digues à Eana.

– Pour quoi faire ?

– Surveiller le réseau d'irrigation.

– Pourquoi cela ?

– Un soldat d'Aratta sur le chemin m'a menacé. Les guerriers d'Aratta incendieront les voies d'irrigation…

– Lugalbanda ! Dès ce soir tu es chargé du commandement des canaux et des digues. Pour te seconder, ton frère Galkak, puis Rab sikkâti [1] qui officiera

---

1. Sikkatu : arpenteur. Les techniques d'irrigation sont intensives car elles sont cruciales à l'agriculture et la survie des populations. Aussi, avant de répartir l'eau avec équité, et en fonction des besoins, arpentage et bornage sont nécessaires. L'arpenteur a en charge la mesure des surfaces et des récoltes. Un « chef des piquets » (rab sikkâti) surveille le bornage qui est matérialisé par la pose de piquets. La fonction de ce dernier est attestée dès le IVe millénaire avant notre ère sous le terme « galkak », autrement dit « le grand du piquet ».

comme chef du piquet. Je vous affecte un bataillon de gardes qui vous aidera.

– Merci, Enmerkar.

Lugalbanda avait menti : il ne s'était pas présenté à la cour d'Aratta, n'avait pas rencontré le prince, encore moins pour le supplier de venir à Eana. En réalité, Lugalbanda ourdissait son complot, attendant la guerre avec impatience.

Dans la nuit d'Eana, le fait le plus authentique résidait là : le général des armées d'Eana mentait ; il venait de faire le premier pas vers une irréparable trahison.

TABLETTE 25

Dans le crépuscule, Šum-usur considéra les champs, qui n'avaient jamais paru aussi éteints. Un souffle dans son cou : c'était Adapa qui approchait à pas de loup… La jeune fille sursauta ; il rit aux éclats. Les deux amis échangèrent un sourire, et avancèrent d'un pas vers la terrasse du patio. La plaine dormait entre les bras des fleuves Buranun et Idiglat. À travers la fenêtre, pas moins de quinze cités-États – comme quinze petites ombres – se plaçaient chacune sur un nœud du réseau d'irrigation si dense, fourni et structuré que le pays vu du ciel semblait une toile d'araignée. Rien de plus précieux que l'eau douce à Eana, unique comme les larmes du soleil. Malgré la crue, quelques paysans s'entêtèrent au loin dans la nuit à tracer des sillons et quand ils y parvinrent, ils dansèrent au pied des blés rares de la plaine d'argile.

Pour la première fois, Adapa se confia à Šum-usur :

– Plus rien, plus que la guerre qui approche !

Les yeux mouillés, désignant sa pommette de l'index, Adapa tendit ostensiblement sa joue droite. Il demandait un baiser ; que quelque chose le consolât enfin ! Après une bise claquante concédée par Šum-usur, Adapa rit de plus belle. Elle aimait le rire d'Adapa quand il emplissait le ciel.

Brusquement, un cri retentit. Adapa se leva d'un bond : au loin l'île brûlait. Des flammes immenses léchaient la rive des Mille-Soleils.

– Le feu, ils ont mis le feu aux champs ! hurlèrent les domestiques dans le couloir.

Comme des chevaux flairant l'orage, en un éclair ils comprirent que c'était leur fortune qui brûlait là-bas. Si ce feu n'était pas maîtrisé, il priverait la cité définitivement de tout puisque à Eana les récoltes, les céréales, les dattes, les poissons, les gibiers d'eau, toute l'abondance provenait de l'île.

Aussitôt les villageois prirent d'assaut les pentes. Šum-usur seule afficha un air détaché, presque sans réaction.

–Pourquoi cet air indifférent ? lui demanda Adapa sur un ton de reproche, puis il tourna les talons sans attendre une réponse que sa bouche quoi qu'il arrivât ne pouvait offrir. De toute façon, Adapa c'est sûr ne comprendrait pas. Qui pouvait comprendre que vient un moment où on n'a plus de larmes ? Quand elles ont toutes coulé, la plus petite joie – si infime fut-elle – emplit tout votre être. Or ce matin justement lui était advenu un bonheur comme Šum-usur n'en avait pas connu depuis longtemps. Un bonheur si puissant que rien, non rien ne pouvait l'amoindrir ce soir, pas même la peine causée par le départ d'Irnini ou la panique de ces gens combattant les flammes.

Oh, elle n'avait accompli que des tâches très habituelles aujourd'hui ; pourtant en les accomplissant, le monde pour elle avait retrouvé sa part de soleil. Ce matin, comme chaque jour, Šum-usur avait rejoint le Mudhif à l'aube. La lune encore argentait le ciel quand elle avait plié soigneusement sa jupe de travail pour l'engouffrer dans son baluchon avec la gamelle. En prenant son petit déjeuner aux cuisines, elle avait pris garde de ne faire aucun bruit susceptible de réveiller Adapa et Ninkarrak, endormis profondément. Aucun bruit, au moins jusqu'à ce que Damù, attablé à ses côtés et finissant son repas dans le calme, se mît d'un coup – utilisant son écuelle comme rampe de lancement – à expédier des giclées d'orge trempée dans le lait à l'autre bout de la table. En cascade résonnèrent alors la fessée de Šum-usur, les râleurs réveillés par tout ce chahut, enfin les rires sonores de ceux qui, levés du bon pied, ne s'étonnaient plus des frasques de la bestiole à poils noirs. Bref, Damù comme chaque matin pouvait s'enorgueillir d'avoir mis la pagaille dans le couloir des domestiques. Honteux, le ouistiti alla se cacher sous la couverture, avant d'en ressortir dare-dare pour son jeu préféré : au moyen du dib-dib, la clepsydre, éclabousser les fermiers occupés à préparer leur sac.

Après le petit déjeuner, Šum-usur s'était dirigée sur la rive où dans l'aurore filait le clapotis de la pirogue. En descendant les versants de la colline, elle s'était arrêtée pour caresser le bélier, comme d'habitude sur le museau. À peine la pirogue avait-elle accosté sur l'île qu'elle s'était jetée parmi les herbes – hautes et colorées – comme dans les vagues d'un arc-en-ciel. Les soleils tournoyèrent au creux de l'étreinte des blés, auxquels son corps s'offrit, autant que son âme, rivée aux récoltes jusqu'à l'heure du repas où elle avait rejoint ses camarades au Mudhif. Bien que ses jambes et ses bras fussent douloureux, pendant la sieste des enfants, Šum-usur resta aux côtés des femmes, à tisser des nattes de roseaux, de scirpes et de massettes tandis que les hommes tannaient les peaux de bêtes ou moulaient des briques d'argile. Pour finir, ensemble hommes et femmes avaient disposé des herbages frais sur des tamis pour qu'ils sèchent aux vents. Les herbes, fanées d'avoir baigné en plein zénith furent alors assemblées en bouquets, gerbes, fagots au milieu des parfums entêtants de chaume. Tout cela sans un mot. Juste le murmure de la vie. Oui, tout fut comme d'habitude jusque-là, quand…

Vint ce regard. Ce regard, puis ce sourire échangé avec le tisserand troublèrent Šum-usur si violemment qu'elle ne pouvait plus penser à quoi que ce soit d'autre. Il lui avait offert un visage ouvert puis ne l'avait plus lâchée des yeux, propageant en elle un feu plus brûlant que ces flammes là-bas. Elle voulut fuir en courant, mais resta plantée là, ouverte à ce regard qui la pénétrait. Son ventre appelait cet homme. Quand elle se baissa pour trier les herbes, il s'accroupit à ses côtés. Ses doigts, mêlés à ceux du tisserand, détachèrent une motte de terre perdue parmi les longues tiges herbacées, et un frisson lui parcourut le dos jusqu'à la nuque. Elle avait chaud, trop chaud. Il lui souriait toujours quand ils se relevèrent. En chantant, il approcha de la bouche de Šum-usur un bol d'eau fraîche dont un filet coula entre ses seins. Il essuya le coin de ses lèvres d'un geste lent, avant de fermement la saisir par la taille pour la faire danser au son de sa voix.

Avec l'évidence des choses simples, l'homme d'un coup venait de fendre la carapace de Šum-usur, redonner la lumière à son exil intérieur. Avec ce regard, tout, d'un coup, était changé. Alors ce soir l'île pouvait bien brûler. Šum-usur, elle, n'avait d'intérêt que pour ce regard qui venait de bouleverser le monde. Les hommes affolés, à cet instant avaient beau dévaler les versants de la colline vers les champs embrasés, chargés de seaux, Šum-usur arborait un calme tranquille. Son urgence était ailleurs ; dans ce sourire qui ne la quittait plus. Elle ne pensait plus qu'à cela. Demain rejoindre les marais pour le revoir. Qui serait légitime à lui refuser cette part de bonheur ? Personne, pas même Eana, qui s'embrasait à cette seconde.

De sorte que Šum-usur garda le calme dont ne se séparent pas ceux qui ont tout perdu. Tout vient. Tout s'en va. La pensée est une danseuse qui a bien raison de regarder passer le malheur en souriant. Elle conserva donc sa sérénité.

Elle fit bien, puisque ce soir-là les hommes revinrent vainqueurs du feu, qu'ils avaient réussi à circonscrire avant qu'il se propage à toute l'île. Ces flammes étaient-elles venues pour exhorter Eana à éclaircir enfin l'énigme des trois signes et rejoindre le destin qui lui était promis ? Dans l'immédiat en tout cas, tout ce que fit le feu fut d'emporter la joie des hommes. Durant la nuit, trois villageois perdirent la vie dans le brasier de l'île aux Mille-Soleils.

TABLETTE 26

Lugalbanda resta au temple. Étrangement, tandis que tous bravaient les flammes à quelques lieues d'ici. En réalité, les villageois combattaient un feu que le Lugal lui-même avait allumé, en posant ici et là quelques torches parmi les roseaux. Personne ne s'en doutait, et à cet instant, il n'y avait plus âme qui vive sur la colline. Pas un bruit ne résonnait dans l'enceinte des remparts. Le général des armées se savait seul avec le roi, et pour cause puisqu'il avait organisé les choses à dessein. Le temple semblait bel et bien désert, même si c'était sans compter Šum-usur, restée à la cuisine avec Damù.

Résolu à porter l'estocade, Lugalbanda était arrivé ces dernières semaines au bout de sa patience. Même ses poings cognant chaque matin le sal ou le cèdre n'y suffisaient pas. Sa haine ne s'épanchait plus. Il avait décidé d'agir. Enmerkar étant seul sur la terrasse de sa chambre, le moment était idéal. Personne ne le verrait. Ce serait rapide.

Lugalbanda entra à pas feutrés dans la chambre du roi. Venant par l'arrière, il s'approcha d'Enmerkar. Le tenant fermement, il lui banda les yeux ; puis d'un geste précis, le piqua au bras d'un aiguillon de roseau imbibé de venin de scorpion.

**
*

C'est Bur-Gul qui découvrit Enmerkar dans sa chambre. Le roi gisait à l'agonie sur son lit. Empoisonné alors que personne au temple ne soupçonnait en Lugalbanda ce loup dans la bergerie.

**
*

Bur-Gul grimpa sur la rambarde de la terrasse pour bien se faire entendre :

– Mes amis, dit-il, tandis que le brouhaha ignorait son doigt pointé vers les marais, mes amis, de justesse nous avons évité le brasier absolu. Mais pendant le temps que vous vous battiez contre les flammes, une autre tombe s'est ouverte…

Faisant irruption aux côtés de Bur-Gul, Barû alluma les torches du deuil. La foule d'un coup se tut. À la mine qu'arborait la sibylle, les villageois comprirent que quelque chose encore était arrivé. Quelque chose de grave. Irnini peut-être ? Barû s'agenouilla dans le silence. Son front et sa crinière claquèrent en se plaquant contre le sol de pierre. Devant l'autel vide d'Utu passa l'ombre filante de Ninpiriggaldim déposant fugacement trois corbeilles devant les dieux. Dans l'une, une cuisse de bouquetin pour Tiamat ; dans une autre des dattes pour Nanna ; la troisième débordait de pierres bénies et d'étoffes pour la stèle vide d'Utu.

La foule prostrée attendit sans comprendre. Enfin Barû lâcha ces mots :

– Je dois vous apprendre une terrible nouvelle. Enmerkar a été empoisonné cette nuit. Il est entre la vie et la mort.

Le versant de la colline tressaillit. Puis, entonnant l'incantation des justes souffrants, un prêtre emmena la foule au milieu des adorants de pierre.

Enuma elish,
Lorsqu'en haut
L'argile innommée, Ki la Terre,
Se couvrait d'un masque de pierre.

Lorsqu'en haut
Le maître des justes souffrants
Se cachait dans les roseaux blancs.

Pourquoi les divinités éprouvaient-elles ainsi ses loyaux serviteurs, lesquels pourtant présentaient l'offrande quotidiennement et même immolaient le bélier chaque année, aux fêtes de Dul-ku ? Un secret et des symboles insondables, un masque introuvable, un temple sans reine, un roi mourant... Dans la nuit de leur impuissance, ces gens raccrochaient leurs yeux embués de larmes à ce qui restait de beauté intacte : peu de chose en réalité. Juste le Mudhif dont les plumeaux et les bourgeons frissonnaient sous le vol des oiseaux migrateurs rasant à tire-d'aile le vent dans sa course. Pour le reste, Eana se savait abandonnée des dieux pour toujours.

**
*

Leurs yeux rougis revinrent se poser sur Bur-Gul, toujours debout sur la rambarde :

– Si les dieux nous négligent, je vous dis, moi, qu'il revient aux hommes de se battre.

Mais il aurait fallu davantage. Pauvre discours face à ceux qui ignoraient qu'ils auraient pu se faire acteurs de leurs vies. Leur destin, pensaient-ils, était le bien des dieux ; pas une seconde ils n'auraient eu l'idée, la confiance ou le cran d'en décider. De sorte que tous sous-estimaient la seule solution en réalité à leur portée : résoudre l'énigme de Ninpiriggaldim. Loin d'évaluer qu'ils étaient le bonheur d'Eana, faisant fi de l'insistance du batelier, personne ne tentait plus de décrypter ces symboles. Or voilà ce qu'il fallait ! Agir. Seule l'action réveille les consciences endormies. Ces villageois enfin parviendraient-ils à se défendre contre le cours imposé des choses ? Il ne suffirait plus de moissonner la petite joie que recelait le monde. Il faudrait lever la tête, défendre sa terre contre Aratta, se battre. La docilité des foules magnétise la tyrannie des chefs. Réagiraient-ils pour finir ou manquaient-ils à ce point de clairvoyance ?

Ils confièrent en tout cas les clés du pouvoir à Lugalbanda, le plus traître d'entre eux, pour pallier les décisions d'État jusqu'à la guérison d'Enmerkar.

TABLETTE 27

Un voyageur dormait parmi les herbes hautes.

Dub-sar s'interrompit ; il était à court de tablettes. Il se leva ; son torse nu, sensuel, brillait dans la nuit étoilée. Doucement il s'approcha de la statue du grand dieu Sâmâs, déposant à ses pieds les tablettes gravées – dont la vingt-sixième – qu'il venait d'achever. Il se dirigea vers l'autel de la terrasse ; alors, saisissant une motte d'argile fraîche dans la jarre, le scribe façonna à la main une tablette plate du côté face et bombée au revers. Enfin Dub-sar vint se rasseoir, et comme un murmure à la nuit reprit son récit exactement où il l'avait laissé :

Un voyageur dormait parmi les herbes hautes.

Le matin qui suivit l'incendie sur l'île, les fermiers reprirent le travail, obéissant par là à leur nouveau gouvernant qui avait ordonné que toutes, absolument toutes les moissons – par précaution, précisa Lugalbanda – soient fauchées : celles du bas de la colline, puis celles ayant échappé au brasier sur l'île. Deux équipes d'esclaves furent constituées. Šum-usur fut affectée aux lopins de la plaine. Sa moue n'y avait rien fait : elle ne verrait pas le tisserand aujourd'hui, qui, lui, fut envoyé sur l'île du Mudhif.

**
*

Depuis que saignait l'aube, elle maniait la serpe et le trident. Le zénith aveuglait le ciel ; la sueur piquait ses yeux. Les roseaux se plantaient en plein dans le soleil. Sous l'ombre rare, Šum-usur s'arrêta quelques minutes. Petites gorgées de fraîcheur. Un filet d'eau glissa le long de sa gorge jusqu'à la poitrine. Soudain, elle aperçut une main dans l'herbe. Elle approcha. Là à même le petit carré de cresson frais au milieu du champ blond, il faisait un somme. Un voyageur entouré par les blés, dormait. Un bras sous la nuque, il semblait épuisé. Son corps respirait de mouvements lents. À chaque soupir, les boucles de sa chevelure d'ébène scintillaient. Elles s'arrondissaient autour des touffes de végétation comme des petits bouquets verts et noirs autour de son visage en bronze. Sa barbe ample était couverte de boue séchée. Šum-usur eut le souffle coupé par cette présence charismatique. Ses yeux tentèrent un instant de s'échapper. Le temple au loin pâlissait d'inquiétude sur le flanc des coteaux de Kullab, dont les boutiques d'artisans avaient fermé, en signe de veillée pour le roi. Aimanté, le regard de Šum-usur revint se poser sur le voyageur.

Elle crut reconnaître ce visage. C'était incroyable ! Était-ce bien lui ? L'enfant avec lequel elle jouait ? Ce garçonnet qui courait dans les allées des jardins d'Ensuhgirana avec elle ? D'un seul coup, les souvenirs lui revinrent ; souvenirs de deux gamins un an auparavant, un an tout juste dans les prairies d'Aratta… Pourtant cette barbe, ces courbes puissantes étaient celles d'un homme, plus celles d'un enfant !

Une monture s'ébroua près du corps endormi. Poil ras, luisant ; crinière généreuse ; encolure haute : racée de la sorte, la bête était un noir tarpan du désert des tentes de nomades. Le fougueux animal avait galopé d'une traite. Son instinct sauvage avait bravé tous les reliefs : marécages, lacs, collines et steppes. Le cheval lapa une petite rigole d'eau de pluie. Il brouta en tapant un sabot, puis un autre contre les tas de foin séché, enfin roula dans la paille en hennissant. Le crin de sa queue fouetta vainement moucherons et tourbillons d'insectes.

Il était temps de rejoindre les paysans et compagnons d'infortune dont Šum-usur entendit sourdre le labeur dans les champs voisins.

Quels rêves rendaient ce voyageur si ténébreux ? Elle en était sûre à présent. C'était bien lui. Šum-usur se cambra. Faisant un pas arrière, d'un geste de la main droite elle essuya sa bouche mouillée de sueur. Était-ce donc lui, le fils tant attendu par Enmerkar ? Était-ce bien lui le prince venu d'Aratta en chevauchant la terre ?

TABLETTE 28

Laboureurs et moissonneurs se hâtèrent avant l'orage. Les reflets fauves de la lumière lissaient la peau puis les yeux fermés du dormeur, au point de le faire ressembler à un buste de bronze, abandonné à l'herbe et à l'éternité. Il dormait si bien. À peine ses narines frémissaient-elles – chatouillées par le chaume. Pourtant, un vacarme assourdissant tournait autour de lui : sifflement des faucilles, grincement des rouleaux, tintement et bruissement des sonnailles. C'était là un véritable concert, joué par des instruments singuliers : le millet, l'orge, le seigle et les épis tour à tour coupés, broyés, tamisés, engrangés. Les braves à leur besogne criaient vers le ciel :

– Que ce mois de moisson – *warah esêdi* – récolte la multitude. Que le lait de la déesse mère Irnini nourrisse les enfants d'Eana.

Tout en ayant l'esprit occupé par le jeune homme étendu dans le champ à côté, Šum-usur redoubla d'efforts face à la menace de l'averse, à l'unisson des esclaves. Chacun s'affairait en mouvements rapides : qui fauchait l'herbe, qui battait le foin. Les uns vannaient ; les autres engrangeaient le grain. Les plus avancés préparaient déjà les semailles d'avant l'automne, apprêtant la terre telle une mariée.

– Pour les sillons et la récolte ! chantaient les paysans à tue-tête.

Les bêtes de somme fouillaient terreaux et limons, tractaient la charrue, étalaient l'humus, puis brisaient les mottes avec la herse.

Les terres défrichées subissant un empoisonnement lié à un excès salin, il fallait par endroits creuser de profonds fossés, de la taille d'un homme parfois, pour évacuer l'eau chargée de sel. Sans ces efforts de titan, la perte de fertilité aurait été immédiate. La terre aurait aussitôt blanchi et les pousses déjà éparses de blé, d'épeautre ou d'orge se seraient encore espacées. Il fallait donc déployer de grands efforts pour labourer aussi profond que possible, avec toujours cette menace que les remontées salées ruinent un sol déjà épuisé par l'irrigation intensive. Aussi les bisons et aurochs ne ménageaient-ils pas leur peine, excavant les entrailles de la glaise rouge afin de bloquer le sel dans les profondeurs. Quant aux paysans d'Eana, ils savaient que la survie de leurs familles dépendait d'eux. Sous leurs chapeaux réjouissants en feuilles de bananier coulait en réalité la crainte de la famine, aussi dense que la sueur à leur front. À chaque sillon ils tremblaient, craignant la sécheresse, la crue des fleuves ou la colère des dieux.

Et quand la fenaison était bonne, alors le moissonneur toujours remerciait :

– Ventre d'Irnini, généreuse déesse Mère, bienveillants Essêdu[1].

1. Essêdu : moissonneur.

Ils ne pensaient plus à eux-mêmes ; ils n'avaient en tête que l'éternité de la terre : une éternité qui coulait là sous la chair crue de l'argile, palpitait dans ses veines chétives.

**
*

Tandis qu'Enmerkar à cet instant continuait de lutter contre les effets mortels du venin de scorpion, la conscience de Šum-usur vacillait. Devait-elle divulguer ce qu'elle savait à présent ? En effet, elle avait appris deux choses essentielles, dont elle avait seule conscience au demeurant. Premièrement, le dormeur allongé tel un bienheureux dans le pré était le prince d'Aratta. Deuxièmement, Enmerkar avait été empoisonné par Lugalbanda afin que n'ait jamais lieu la rencontre du roi avec son héritier supposé.

La sympathie envers le prince d'Aratta était naturelle à Šum-usur. Mais l'idée de venir en aide à Enmerkar résistait puissamment en elle. Quelles conséquences cela aurait-il ? Et comment révéler ces faits en étant muette ; enfin si elle les révélait, à qui se fier ? Secrets et complots rendaient le moindre aveu périlleux dans ce royaume, malade pour finir de ses lâchetés et de ses arcanes.

Ce que Šum-usur était seule à savoir l'enfermait – davantage encore que son mutisme – dans la solitude. La vérité sépare celui qui la détient : ainsi au milieu de l'ombre, Šum-usur se sentait isolée des autres esclaves, devenus pourtant ses frères de bravoure.

TABLETTE 29

Le brasier frôla les blés. Alors que tout semblait calme, d'un seul coup les cultures du rivage s'embrasèrent. Le foyer démarra du champ où sommeillait le voyageur. Le ciel commença par se noircir d'une colonne de fumée. En quelques secondes, les flammes rugirent, dansèrent. Le safran des tiges scintillait. L'incendie tourna, virevolta. Gibier et faune s'échappèrent vers les étangs. Aussitôt après le vol des canards, le ciel fut comme balayé, vidé. Puis le feu dévala sur le dormeur. Autour de lui tout flamba. L'enfer. Les fumées rouges et noires l'enserrèrent. Il se redressa sur un coude. L'étau se resserra encore. Debout en un éclair, il fut cerné, toisé par les flammes dont les doigts claquemuraient le ciel.

La panique s'empara de l'étalon. Il hennit, ruant, arrachant le piquet d'attache. Le cavalier empoigna la crinière. Sa main glissa. La panique et l'effroi. Le cavalier tomba au sol ; puis instantanément se redressa près de la monture. Dans une tentative désespérée, l'homme agrippa la crinière pour la seconde fois ; d'un coup de reins, sec, violent, il se hissa sur le dos de l'étalon. La bête haletait. Le cheval se cabra sous les talonnades effrénées qui frappèrent son bas-ventre. Panique encore. L'animal, levé sur les deux pattes arrière, fut secoué de soubresauts. Le cavalier se plaqua de toutes ses forces à la toison noire, enserrant l'encolure de ses deux bras pour ne pas être projeté au sol. Cet effroi, cette panique toujours : à l'identique dans le regard de l'animal et du cavalier.

Ce brasier allait tout engloutir. La bête ne cessait de renifler la mort, paralysée par la peur ; jusqu'à ce que son instinct sauvage réagît enfin. L'animal bondit, d'une impulsion si vive et combative que son saut le projeta en l'air, contre le feu qui dansait autour de lui. Parviendrait-il à passer ? On eût dit que les portes de l'enfer s'étaient ouvertes. Dans son élan, il rompit le rempart de flammes et l'instant d'après, le temps s'arrêta. Le mouvement ensemble du cheval et de son cavalier vola, plana, comme en suspension, interminable et lent ; les longues pattes flottant au vent comme les sabots de l'horizon sauvage.

Ce qu'il advint ensuite ? Après avoir franchi le mur de feu, la monture affolée vraisemblablement galopa dans la plaine sans s'arrêter. Prise d'emballement, elle continua sa course bien après la chute de son écuyer qui – les jambes entremêlées à la corde de l'animal – fut traîné dans la poussière jusqu'aux grandes portes du temple blanc d'Eana.

TABLETTE 30

La sentinelle finissait son tour de garde. L'horizon cependant ne s'abandonne pas sans un dernier regard : il faut y veiller, protéger sa richesse quand bien même se résumerait-elle à des grains blonds, de la terre rouge et des roseaux dansants. Un homme doit tout chérir de sa terre, sa misère y compris.

La sentinelle tangua. La main sur ses yeux la protégea d'un soleil où volaient les ombres des aigles en robe noire. Aveuglé par les rayons du crépuscule, le garde scruta une dernière fois le lointain par acquit de conscience, juste avant de quitter son poste. Debout sur la muraille, il examina les champs qui bordaient le rivage. Tout semblait normal. Mais soudain, il aperçut… Oui, c'est bien cela… là-bas : des mâts de fumée émergeaient des roseaux, dessinant une écume cendrée sur le bleu du ciel. Violant les nuages, un mur de flammes faisait l'assaut. Tout simplement, les champs brûlaient.

À un galop effréné, soudain un cavalier détala dans la plaine. Les sabots de l'étalon soulevaient la terre sombre. Il fallait faire vite et rejoindre la monture qui sans doute apportait un message urgent.

La sentinelle bondit en direction de la grande porte, où le cheval au galop serait rendu dans une minute. À grandes enjambées, il passa sur le rempart. Il pressa le pas sans lâcher des yeux ce pays au bout de ses batailles. L'ombre de son bouclier ébréchait la blancheur de la muraille au sommet de laquelle il courait. Le lointain ne bougeait pas, la terre aussi bien que l'océan des hommes…

En arrivant devant la grande porte, l'étalon aussitôt leva ses pattes avant ; il hennit en se ruant vers la fortification. Ses sabots tambourinaient contre la palissade. À bout de souffle, le garde marmonna ces quelques mots :

– Utu, garde-nous ! tout en actionnant le loquet dans un effort grimaçant.

La serrure crissa, résista, céda finalement sous un coup d'épaule. La porte s'ouvrit enfin sur le cheval dont l'ombre se cabra, noire et luisante sur la pierre blanche. À l'arrière de l'animal, une corde traînait, effilochée avec au bout un corps désarticulé qui gisait, couvert de poussière et de sang.

Dans la lumière, le garde saisit le blessé dans ses bras. D'un pas rapide, il rasa les alcôves, parcourut les couloirs longilignes, traversa les corridors, les salons, les halles où criaient les marchands, la chambre du tribunal, les échoppes des artisans désœuvrés ; les greniers de céréales vides, les remparts, les chapelles. Avec aux bras ce poids mort, il ne voyait pas la fin de ces allées en enfilade, pris au piège du temple labyrinthique. Les mosaïques de cônes papillonnaient tout autour de lui comme un kaléidoscope.

Le garde arriva enfin au dispensaire. Asû, le médecin attendait sur le pas de la porte.

– Asû, vite, il va mourir !

TABLETTE 31

La poussière et le sang maculaient le corps du cavalier. Couvert de plaies, inanimé, on devinait cependant un visage indemne sous la boue et la suie. De ses vêtements, il restait des lambeaux d'étoffe parsemés ici ou là de fils d'or. Ses pieds étaient nus ; des marques de lanières autour de ses chevilles signifiant que le long frottement sur le sol avait eu raison de ses chaussures.

L'Asû se gratta le menton :

– Lavons-le. Ninkarrak, veux-tu, apporte les onguents, les pansements, puis deux jarres d'eau. N'oublie pas les serviettes ! Sentinelle, dis à Barû de venir !

Les infirmières s'activaient quand Lugalbanda fit irruption :

– Qui est cet homme ? demanda aussitôt Lugalbanda en désignant le cavalier.

– Un dignitaire, d'Aratta probablement…

– Asû, tu es bien sûr de toi.

– Oui, je suis sûr.

– Et qu'est-ce qui te fait dire qu'il vient du pays d'Élam ?

– D'Aratta, Lugal, pour être précis : sa tenue, puis la besace du cavalier.

– C'est tout ?

– Il n'est pas n'importe quel étranger.

–– Explique-toi donc, Asû.

– Premièrement, sa monture : les chevaux sauvages sont l'apanage de la noblesse au bord de l'Halil.

– Deuxièmement ?

– Deuxièmement Lugal, ce cavalier est coiffé à la façon des dignitaires du royaume d'Ensuhgirana.

– Anodin tout ça, Asû.

– Soit, mais que dis-tu de ça : j'ai trouvé ce sceptre en schiste dans la besace attachée à l'encolure de l'étalon. Qu'en dis-tu ? Regarde, Lugal. Mais regarde donc : sur le sceptre est dessinée la marque royale d'Aratta. Pour tout dire, j'ai la conviction que cet homme est le fils qu'Enmerkar attendait. Oui, il est le prince d'Aratta.

Devant la mine déconfite de Lugalbanda, l'Asû se tut. Il n'eut pas à rester encombré longtemps de sa gêne, le pas décidé de Barû y mettant fin en résonnant dans le couloir du dispensaire.

– Que se passe-t-il ? questionna la sibylle en faisant son entrée d'une voix caverneuse.

– Les moissons ont brûlé. Les canaux d'irrigation sont en partie détruits. Une dizaine de blessés sont en marche pour recevoir des soins au dispensaire. Plus personne n'ose sortir d'Eana, ni de Kullab…

– Et les blessés ?

– Ils arrivent sur un char, une sorte de plateforme roulante, dotée de quatre disques de bois qui permet de transporter les malades. Ils seront là d'une minute à l'autre.

– Bien ! Et ce cavalier, qui est-il ?

– Il vient d'Aratta.

– Asû, cesse d'inventer n'importe quoi ! coupa Lugalbanda. Et sans preuve, qui plus est. Je te dis, moi, que ce cavalier nous arrive comme un vulgaire brigand ! Celui sans doute qui a incendié les champs.

Asû fit silence, désemparé. Certain pourtant d'avoir entre les mains la vie du prince d'Aratta, il n'insista pas davantage face à la violence qu'il sentait dans la réaction du général des armées d'Eana. Il commença de nettoyer les plaies de son patient avec grand soin.

Alors Lugalbanda à nouveau ramena l'attention vers lui.

– Vois cet aiguillon de roseau effilé, renchérit-il. Il est noirci de poison, n'est-ce pas ? Eh bien je l'ai trouvé dans la besace du cavalier. Or c'est une aiguille comme celle-ci qui a servi à empoisonner le roi.

À nouveau, Asû tenta de s'opposer à ce mensonge :

– Certes Lugal, sauf que ce n'est pas ce roseau-là qui était dans la besace. Le sac du cavalier ne contenait que le sceptre, et une tige de roseau, mais non noircie en son embout. Barû, j'en suis sûr, c'est moi qui ai vidé le sac !

Lugalbanda rétorqua aussi sec :

– Tu ne l'avais pas vidé comme il faut. La preuve : il restait cette aiguille de roseau, dans la besace. Tu auras mal regardé, Asû, voilà tout !

– Mais…

– Asû, il t'appartient d'écouter ! Je remplace Enmerkar. Sentinelle, dès qu'il se réveillera, emmène cet homme dans une cellule du palais. Il sera jugé demain près du fleuve.

– Mais si nous nous trompons, Lugalbanda, si nous condamnons un innocent…

– Cesse de discuter, Asû !

**
*

Barû alors intervint, tranchant enfin la situation :

– L'affaire est sérieuse. En réalité, le doute n'est pas permis donc il faut consulter les dieux. Sortez la table du sacrifice : nous allons tuer le bélier pour lire dans le foie de l'animal offert. Dès que tout sera prêt, appelez-moi.

Puis la sibylle tourna les talons.

**
*

Pendant que les domestiques apportaient la table et les instruments sacrificiels, le garde demanda à Asû :

– Cet homme va-t-il mourir ?

– Pas de ses blessures en tout cas, qui sont superficielles. Il est surtout choqué, fatigué, déshydraté, et couvert de saleté. Son corps, tu l'as vu le premier, était encordé à ce cheval qui a galopé dans la plaine en le traînant jusqu'ici, par terre derrière lui. Tout cela l'a laissé étourdi, comme roué de coups. Il récupère en dormant. Déjà ce soir tout ira mieux. Il s'en sortira… Quant à son éventuelle condamnation demain, elle dépend de Barû, à présent.

Bien sûr, Lugalbanda savait que sous les traits de ce cavalier se cachait le prince d'Aratta. Il avait tout en main à présent pour l'éliminer de son chemin. C'était évidemment cela : il ne voulait que sa mort.

**
*

– Asû, questionna alors Ninkarrak, Šum-usur était avec les travailleurs, dans les champs qui ont brûlé. Elle est comme ma fille. Tu as des nouvelles ?

– Là, regarde, ils arrivent ! À quelques lieues, les esclaves reviennent par la route du temple.

Les champs, la lumière, la joie, la patience : tout cela se consumerait-il pour finir ? Encore que le feu soit moins ravageur que certains secrets. Les flammes, elles, au moins se voient.

TABLETTE 32

Barû pressa le pas. Lugalbanda venait de la faire appeler ; aussitôt elle abandonna en trottinant la loge des mages. Sa robe sombre s'engouffra dans l'humidité du soir pour sinuer le long des ruelles obscures. Une nuée épaisse coiffait le mont d'Eana, dont les champs de céréales fumaient encore du feu de la veille. L'horizon demeurait si gris après les incendies qu'on eût dit le ciel pendu aux fleuves. Seules ses longues jambes et les galbes clairs de la silhouette de Barû ouvraient la lumière du ciel poisseux de cendres.

La sibylle stoppa net devant la maison de la succession où Lugalbanda s'empressa de lui confier la besace du cavalier, lui glissant des mots appuyés à l'oreille. Lugalbanda voulait ne pas perdre une minute ; la sentence devait être immédiate. Barû hocha la tête d'un air approbateur, puis se dirigea vers l'autel où tout le monde attendait, stoïque. L'échanson, le maître des charmeurs de serpent et Lugalbanda ornaient l'autel sacrificiel de ses nécessaires apparats : coupelles d'encens, herbes et pierres bénies. Tout était prêt à présent.

Dans le crépuscule, le visage concentré de Barû soudain révéla sa transe. Approchant du blessé – qu'entouraient les gardes, la sentinelle, Asû puis Ninkarrak –, Barû apposa ses mains sur les blessures du cavalier. L'homme allongé, encore étourdi, perçut au-dessus de lui les murmures insondables de la sibylle qui, après un long moment fit signe d'apporter le bélier. Quatre prêtres amenèrent la bête, la tenant fermement par les pattes. Son pelage brillait sous le firmament doré : luisant et roux, tout juste essaimé de sa touffe de poils blancs, en étoile sur le museau.

D'un geste sec, rapide, Barû l'égorgea. À peine le sang coula-t-il dans les coupelles d'offrandes que Barû éventra le bélier dont elle arracha aussitôt le foie. La rumeur courbée de la foule s'agita sur les versants de la colline. La sibylle, en serrant dans sa main rouge le foie chaud, s'avança d'un pas vers la rambarde, plus près de la foule prostrée qui se colla contre la rampe. Tout était calme. Les premiers jours du monde se recueillaient avec l'esprit des morts. Barû tourna, retourna entre ses doigts le foie sanguinolent du bélier qu'elle essuya sur le corps de l'écuyer. Elle gesticula, main sanglante, poing levé. Le firmament lui souffla d'insondables propos. Barû ferma les yeux. Sa silhouette courbée se déplia enfin. Ouvrant pour finir la besace remise par Lugalbanda, la sibylle en sortit une torche, un éclat de pierre blanche, puis la tige d'un roseau. Le ciel perdit encore de sa lumière. Le présage sembla laisser peu de doute sur ces lèvres qui d'une voix puissante livrèrent l'oracle :

– Statue volée, champs incendiés, roi empoisonné. Trois crimes qui trouvent leur explication là, dans la besace de ce cavalier qui contenait un débris de pierre, une torche, et une aiguille noircie de roseau. Ainsi commande Utu :

puisque tout le désigne, demain le criminel sera sacrifié dans le fleuve.

Le silence tomba. Barû quitta l'autel et la foule demeura un moment ainsi, à regarder le soleil muet.

TABLETTE 33

Le bélier sacrifié gisait sur le sol quand Šum-usur l'aperçut en passant la tête par l'entrebâillement de sa fenêtre dont étaient provenus des cris inhabituels d'animal blessé. Ce bélier qu'elle caressait chaque matin en descendant les versants de la colline pour rejoindre la pirogue sur la rive, ce bélier était là par terre. Perdue parmi le pelage roux de la bête, l'étoile blanche sur son museau. C'était bien lui qui baignait là, dans une mare de sang. La gorge de Šum-usur se serra, et ses larmes coulèrent sur ses joues.

À quelques mètres de l'animal mort, Barû et Lugalbanda étaient postés, chacun d'un côté du cavalier étendu, dont les yeux à présent ouverts reconnurent aussitôt le visage de Šum-usur dépassant de la lucarne. Le prince d'Aratta lui sourit en tournant complètement la tête vers elle.

Tout en se relevant doucement, il affirma d'une voix douce :

– Je n'ai rien fait de ce que vous me reprochez. Je suis venu d'Aratta pour apporter un calame à Irnini. Cette jeune fille sait ce qu'est un calame : demandez-lui.

Lugalbanda apercevant Šum-usur postée à la fenêtre lui ordonna d'approcher. Elle franchit les quelques pas qui séparaient sa chambre de la terrasse, tétanisée.

– Il paraît que tu sais ce qu'est un calame ? questionna le général furieux.

Elle ne répondit rien. Ses yeux effrayés fixaient le fils d'Ensuhgirana.

– C'est vrai, tu es muette. Va-t'en, ordonna sèchement le Lugal.

Tout en scrutant aussi longtemps qu'elle le put le prince d'Aratta qui la regardait en souriant, elle regagna sa chambre. Le prisonnier ensuite fut emmené, puis jeté dans la geôle creusée dans le fossé, un pied attaché au poignet. Recroquevillé avec quelques restes d'os à ronger qui flottaient à même la boue, il resta une heure ainsi jusqu'à ce que Lugalbanda – le voulant sous meilleure garde – ordonnât son transfert dans la prison plus surveillée et luxueuse du palais. Šum-usur s'assit sur son lit et pleura. Elle voulait agir, mais tout était si compliqué. Elle ne parvenait pas à faire quoi que ce fut d'autre que demeurer ainsi, paralysée.

**
*

Soudain, Šum-usur se leva. Sortant de sa léthargie, elle courut de toutes ses forces pour faire ce que jamais elle n'aurait pensé faire. Arrivant essoufflée devant la porte de la chambre d'Enmerkar, elle entra sans frapper. Ninpiriggaldim d'un côté, Asû de l'autre tenaient chacun une main du roi. Couvert de sueur, Enmerkar parlait, s'agitait, délirait sous l'effet encore tenace de la piqûre de scorpion. Ninkarrak lui épongea les tempes, puis se levant, s'approcha de Šum-usur qui venait d'entrer, la prenant dans ses bras :

– Que t'arrive-t-il ? Pourquoi es-tu si bouleversée ?

Pour toute réponse, les pleurs silencieux de Šum-usur longèrent le soir. Comment libérer le prisonnier ? Elle aurait voulu parler, dire comment ils partageaient leurs jeux d'enfant jadis, puis informer surtout de tout ce qu'elle semblait être seule à avoir compris : Lugalbanda, l'empoisonnement, le prince d'Aratta… Elle aurait voulu tout révéler, mais comment ?

Šum-usur alors fit signe à Ninkarrak d'attendre, courant vers sa chambre où sous le lit étaient cachées les deux perles de serpentine qui autrefois faisaient les yeux de son masque blanc. Reprenant la direction de la chambre du roi, elle pénétra dans l'échoppe de Bur-Gul qui, répondant à sa demande, perça les deux perles d'un petit trou central, dans lequel il glissa un fil dont les extrémités nouées ensemble formèrent un collier. Enfin Šum-usur s'arrêta chez Asû, d'où elle emporta un fagot de sept roseaux et quelques pommades. Les bras ainsi chargés, Šum-usur rejoignit en courant la chambre d'Enmerkar où elle disposa les sept tiges au pied du lit. Ninkarrak, Asû, et Ninpiriggaldim la regardèrent, interloqués. Ils ignoraient que, dans le désert des tentes de nomades, ce fut là la seule manière efficace de soigner les piqûres de scorpions, lesquels possédaient des venins ô combien plus foudroyants qu'ici ! Šum-usur se remémora le moindre geste de la procédure suivie par le sorcier du pays d'Élam : d'abord elle étala les fagots qu'elle fit brûler juste au pied du lit, puis jeta dans la flambée les restes d'un scorpion. Enfin, tout en récitant par signes la formule exorcistique, Šum-usur passa autour du cou d'Enmerkar le collier de serpentine. Pour finir, elle enduisit la plaie de pommade qu'elle fit pénétrer profondément.

**
*

Le temps que dura la séance, Ninkarrak, Asû, et Ninpiriggaldim restèrent aux côtés de Šum-usur, doutant dans leur for intérieur que cela suffît à la guérison du roi.

Lugalbanda, qui avait le champ libre, profita de ce moment pour finaliser le complot mené jusqu'ici de main de maître. Il parla à la foule, toujours massée en contrebas de la terrasse, encore étourdie par le sacrifice du bélier dont le sang continuait de couler sur l'autel. Lugalbanda s'adressa au peuple en ces termes :

– Un traître est venu jusqu'ici, a empoisonné Enmerkar et mis le feu à nos moissons. Si nous laissons faire, Aratta resserrera encore son joug. Bientôt le pillage, le viol des femmes, le meurtre des pères devant leurs fils. Bientôt, les statues mêleront leurs pleurs aux fleuves. Il reste une solution, une seule : la punition du coupable.

**
*

La tête nue de Dub-sar se releva de la tablette. La peau de son visage, sa nuque et son torse s'uniformisaient sous les reflets de la nuit, donnant à ses formes puissantes une couleur cuivrée. Ses yeux immenses cherchèrent ceux de son maître, lesquels finirent par se détourner des vagues pour venir se planter dans ceux du scribe :

– Toi qui regardes les soldats d'Ishbi-Erra postés là-bas sur le rivage, sais-tu d'où naît jamais la trahison, Ibbi-Sîn ? Tu vois maître, Enmerkar avait mis en Lugalbanda la confiance infinie que l'on met dans un jeune frère : toutes ces années chaque parole, chaque geste, chaque pensée du roi d'Eana avait été authentique envers le Lugal, tandis que lui déjà complotait froidement. Sans doute l'intimité et l'amitié offertes à qui ne les mérite pas encouragent l'intrigant qui sommeille, le corrompu, le lâche. Ibbi-Sîn, pour finir, d'où vient-elle jamais la trahison ? De la loyauté, dis-tu ? Certes la trahison naît de la confiance puisque nous ne sommes trahis que par nos frères. Hier comme aujourd'hui, celui qui, bien que me connaissant, détourne son regard ; celui dont la bouche ment : voilà comment, d'éternité, se souille le sang lié des frères. C'est avec un double visage que s'avance le traître. Trahir, c'est toujours faire une offense aux dieux. L'aurore approche, Ibbi-Sîn. Quand tu seras…

La voix de Dub-sar s'étrangla, se ressaisissant aussitôt.

– Que restera-t-il quand tu ne seras plus à mes côtés au petit matin ? Soit ! Tu dis que la mort est moins grave que la trahison. Aussi, maître, as-tu raison de laisser venir les soldats sans peur, stoïquement face à la mer. Je vais plus loin même : que notre amour, notre foi, notre crédulité soient grandis par Ishbi-Erra, ou sinon sa trahison n'aura pas servi, et toi assassiné, il ne nous sera rien arrivé. Que restera-t-il quand je serai seul ? Restera la colère…

Dub-sar avait raison : au bas de la colline, les fleuves n'en finissaient pas de déborder autant que la colère, autant que l'injustice ; autant que ces trois signes inféconds qui étouffaient le monde.

TABLETTE 34

Le dib-dib – la clepsydre – coulait, impassiblement. Le soleil plongeait déjà dans le fleuve quand un garde avait emmené le prince d'Aratta :

– C'est moi qui exécuterai ta peine. Suis-moi ! avait-il ordonné, le précédant dans le couloir sans fin. L'homme, à hauteur de poitrine, arborait une torche qui éclairait un visage aux traits anguleux. Sur ses lèvres scellées, la brise soufflant à travers les meurtrières déposait le sel de la mer ; quant au voile de la nuit recouvrant le corridor, il se soulevait au fur et à mesure que progressait le bras lumineux du bourreau.

Le pas des deux hommes claquait sèchement sur la pierre. D'un coup, le garde s'immobilisa. Au bout de l'allée, alors que la torche dansait devant une grille métallique barrée à mi-hauteur par une poutre et un loquet de bois, le bourreau ouvrit la cellule. Toujours précédant le condamné, il entra. Son flambeau valsait au gré des quatre murs qui se découvrirent peu à peu.

– Ton compagnon jusqu'à demain ! lança le geôlier en pointant du doigt le dib-dib.

Laissé par terre comme un vieux bout de bois à l'abandon, l'énigmatique objet servait de décor unique à la pièce.

Le garde resta planté là, quelques instants partageant l'intérêt du condamné pour ce drôle d'instrument, tenant toujours sa torche dont les ors vacillants dénudaient plus avant les parois de la cellule enduites d'argile rouge sombre. Creusé dans la roche, derrière un muret se dissimulait le trou d'hygiène du prisonnier. Au centre de la pièce attendait une couche confortable, tissée dans la toison d'un mouflon sauvage. Sur le toit, au travers d'une embrasure, les étoiles scintillaient dans le soir pâle. Au sol dansaient les rayons de lune, pleuvant par la lucarne.

Le condamné mourrait demain puisque Lugalbanda l'avait ordonné ainsi.

– Ne pense pas trop, prisonnier. Essaie de dormir. À l'aube…

– Où irons-nous à l'aube ?

– Sur les rives du Buranun…

– Quoi faire ?

– L'ordalie.

– ?

– Le jugement du fleuve.

– Un fleuve va me juger !? Tiens donc… et comment ?

– L'accusé est jeté dans le cours du fleuve ; soit il a la vie sauve, soit…

– Sinon ?

La grille d'un coup se referma. La question mourut comme un écho tandis que les pas du bourreau s'éloignèrent dans les méandres des corridors de pierre. Les reflets de la lune caressèrent l'horloge à eau. Le cavalier avait le cœur aussi ténébreux que la nuit. Sa tête était vide. Voilà, à compter de cet instant, le compte à rebours commençait.

Alors le prince d'Aratta s'étendit sur la natte. Le bras replié sous la tête, tourné sur le flanc droit, la main pour reposoir, il observa ce petit objet qui mesurait le temps.

Le dib-dib, c'était précisément un bol en cèdre rouge doté d'un mince tuyau en guise de gargouille qui clapotait continûment. Le ruissellement coulait, si régulier qu'on se serait figuré qu'une petite fontaine arrosait le cachot. La face intérieure du bol était graduée : un grand trait pour les périodes ou doubles heures, et une incision plus petite pour les rondes, unités de quatre minutes.

Le temps décompté de la sorte, ce soir, était une douleur. Cette eau qui doucement jaillissait, était-elle comme le sang dont se vidait l'âme des innocents ? La gargouille n'en finissait pas de couler. Elle ruisselait, ruisselait si paisiblement.

Mais déjà de l'autre côté du rempart blanc s'éveillaient les marais sous le cri des oiseaux rasant à tire-d'aile les crues du Buranun.

L'olifant sonna, annonçant que l'aurore était venue. L'heure s'égrenait, s'égrenait, s'égrenait…

L'amour, la vie, ce pauvre secret de trois signes… Rien bientôt n'aurait plus aucune importance. Tout finit que l'on croyait pourtant essentiel. Tout s'enfuit. Finalement, ce n'est pas le temps qui passe. C'est le bonheur des hommes.

TABLETTE 35

L'ordalie – le jugement du fleuve – n'était-elle pas plutôt la sentence de juges peu enclins à se montrer les assassins qu'ils étaient ? La main n'osant pas planter le poignard poussait l'innocent dans les tourbillons de la rivière.

Le village dormait encore sous les chatoiements roses du soleil. Les marais étaient gris perle, peuplés de canards sauvages qui se préparaient aux grandes migrations. Dans la brume matinale léchée par les rives torrentielles du Buranun, Dublal le juge, Barû la sibylle et quelques gardes amorcèrent la descente en escortant le condamné dont la silhouette ployait. Sur les plaies que les liens de roseaux avaient creusées autour de ses chevilles, se colla la poussière du chemin. Un filet de sang coula sur ses talons. Le petit groupe pressa le pas. La cité se réveillerait bientôt ; il fallait faire vite.

Le cortège atteignit les berges. Quand le cavalier s'immobilisa, les gardes le tenaillèrent de plus près. Dublal, le juge, entama alors son procès sans preuve ni défenseur.

– Une torche, un éclat de pierre provenant du pied cassé d'Utu ? Comment expliques-tu que Lugalbanda les ait trouvés dans ta besace ?

– Je n'ai ni volé la statue d'Utu, ni incendié les roseaux.

– Ces objets parlent pour toi !

– Ils ne sont pas à moi, à part le calame…

– Un calame ?

– Oui.

– Qu'est-ce que c'est ?

– Une tige de roseau aiguisée.

– Nous y voilà… la belle affaire ; à quoi ce roseau t'a-t-il servi, sauf à l'empoisonnement du roi ? Avoue donc !

– Le calame est à l'argile ce que la braise est aux hommes : il est la lumière et la mort.

– Explique-toi !

– Le calame grave des signes. Il notifie ce qui est dit. Aussi il peut tout : préciser un contrat, prouver une juste transaction laquelle ne sera dès lors plus contestée, marquer la propriété d'une maison. D'ordinaire pour sceller la vente d'un enfant, ne moule-t-on pas l'empreinte de son pied dans une brique d'argile ? Avec le calame, plus besoin d'une preuve de possession si lourde. Le calame se place dans la main – en prolongement du corps et donc toujours comme une empreinte corporelle – le calame léger tient entre les doigts. Demeure un support inchangé : l'argile. Le pays d'entre les fleuves connaît un destin uni à cette matière, la seule dont il dispose en abondance. L'argile bâtit les briques et les maisons, les coupelles pour le sacrifice, les assiettes des rois, les bols et les objets de chaque jour. Parce que l'argile a fabriqué le dieu Enki puis le monde, les hommes ne peuvent graver que dans cette glaise rouge afin de se relier à leur propre genèse. Conservée humide dans les amphores, la glaise fraîche a tous les avantages d'un matériau pratique : abondante, bon marché, nécessitant peu de préparation. Il n'y a qu'à s'en saisir, d'une poignée dans la jarre ; puis une fois façonnée – rendue bombée du côté de la paume et plate à fleur de main ouverte – graver la tablette qui au demeurant autorise toutes les erreurs. Elle pourra toujours être remodelée et réinscrite, au moins tant qu'elle n'aura pas été séchée au soleil ou cuite au four. Voilà, l'argile fait la matière et le calame fait l'outil. Le tracé est rendu possible grâce à ces deux ferments. Les signes gravés – de telle façon plutôt que telle autre – découlent indissociablement de ces deux éléments pris ensemble : le roseau coupant et l'argile docile. C'est en épousant la malléabilité de la glaise fraîche que le graveur change le trait à son gré. La plupart du temps, il dessine des brebis et des sacs de blé avec un roseau taillé en pointe et alors son trait est arrondi. Cependant il peut moduler les lignes. On raconte que des magiciens détenteurs d'un secret des dieux dessineraient même de drôles de clous, droits et coniques aux extrémités. Je ne les ai jamais vus personnellement et ne puis certifier que ces clous existent, mais après tout pourquoi pas[1] ?

– Des signes en coin, dis-tu ?

– C'est exact.

– Comme ceux de la tablette aux Destins laissée par Meski'ag-gašer ? demanda Lugalbanda.

– J'ignore ce dont tu parles.

1. La forme dite « cunéiforme imprimée » du signe  est apparue bien plus tardivement (2400 avant notre ère). Seuls les signes dits « précunéiformes tracés » existent à l'époque, du moins en l'état des découvertes archéologiques à ce jour. D'où la puissance – encore accrue – dont le signe est porteur ici. Voir tableau « Du pictogramme au phonogramme » en annexe.

– Comment veux-tu que je te croie ? Tu dis connaître cette chose que l'on appelle écrire, or jamais tu n'en avais parlé à personne. De plus, tu ignores ces signes dont l'énigme nous empoisonne la vie ?

– Je ne connais que la force de cette chose. Mais je ne sais pas l'art d'écrire. L'art d'écrire, de plus, est un piristu, un mystère des dieux pour lequel il convient de garder la révérence du secret. Le seigneur d'Aratta lui-même, mon propre père, n'a que très peu été initié, et moi comme lui avons tout à apprendre. Nous ne savons rien d'autre finalement, rien de plus que cette évidence : les mots ont la puissance du feu.

– Et pourquoi te décides-tu alors à en parler à présent ?

– D'abord pour apporter l'apaisement. Ensuite, il m'a semblé que tu me laisserais libre, peut-être...

– Cela dépend de toi. Dis-moi ce que tu sais, et je déciderai ce qu'il adviendra de toi !

– Ce que je sais c'est que nommer, c'est créer le monde donc rien n'est impossible pour le calame. Il sait compter, ordonner les choses matérielles en categories, assurer la propriété, consolider les obligations entre contractants, établir la liste des divinités, raconter la légende des rois, protéger les hommes de l'inquiétude face à l'avenir, et même transcrire la volonté des dieux. Voilà pourquoi le calame est un tison brûlant à même de consumer les hommes autant que de les éclairer.

– Mais que dis-tu de ces trois signes étranges ? Confirmes-tu cette idée extravagante selon laquelle ils gardent la fortune d'Eana ?

– Je ne puis que te confirmer qu'ils contiennent la destinée d'Eana. Pour le reste...

– Donne-moi ce pouvoir d'écrire puisque tu le détiens, alors je te laisserai la vie sauve.

– « Que l'initié instruise l'initié, le profane ne doit pas voir », disent les apkallu. Tu es un profane, qui plus est malveillant. Il se trouve que je ne peux pas t'apprendre ce que j'ignore. Au demeurant, même si je savais, je ne te livrerais rien. Qu'il en soit ainsi ! Que je meure puisque tu l'as décidé !

Ainsi l'énigme des symboles de Meski'ag-gašer résisterait pour un temps encore. Ces signes en coin étaient si différents des signes – plus arrondis, plus simplistes – incisés par Nabû le comptable, lesquels comptaient les objets ou transcrivaient la propriété foncière. Que signifiaient pour finir les traits de Meski'ag-gašer ? Et si c'était vrai ? Si Meski'ag-gašer avait bravé l'interdit ? Gravé la parole dans l'argile ? Il s'agirait alors d'autre chose que de pauvres images ou simples pictogrammes : peut-être des idées, ou même des sons ? Ce serait bel et bien la parole enfermée dans un dessin… Cela expliquerait tout. Meski'ag-gašer était mort, et peut-être était-ce précisément pour cette raison. Voulant emprisonner l'éloquence des dieux, il avait mérité les enfers.

– Puisque tu l'as choisi, alors tu mourras ! ordonna Lugalbanda en faisant un signe de la tête au bourreau.

– Et pour quel motif ? J'entends… pour quel motif, officiellement…

– Tu as tenté d'empoisonner Enmerkar.

– Décidément, je te suis bien utile à porter le nom du malheur !

– Si ce n'est pas toi qui as mis le feu, que faisais-tu dans les champs près des roseaux ?

– J'étais parti la veille d'Aratta. J'avais traversé tout le pays d'Élam, les montagnes bleues, l'Halil puis le désert des tentes de nomades. J'étais fatigué. Ma monture aussi. Sous le bronze du soleil, je m'étais arrêté avant de m'endormir.

– Tu es donc un de ces traîtres d'Aratta ?

– Je suis venu rencontrer celle dont on m'a appris qu'elle était ma mère, puis proposer la réconciliation entre Enmerkar d'Eana et Ensuhgirana d'Aratta. Tout tenter afin que se réunissent les parts fêlées du monde : l'abandon et la possession ; le ventre des femmes et la guerre ; l'opulence et la misère ; les fleuves et le désert ; l'argile et le calame ; le volcan puis les pierres précieuses ; enfin les mots parlés avec les mots gravés… Deux royaumes réunis comme les deux moitiés de l'orange. Mais suis-je stupide, tout cela ne doit guère t'intéresser…

– En effet. Après tes explications, je te crois plus coupable que jamais ! railla Dublal le juge aux côtés de Lugalbanda.

– Mais toi, qui es-tu à la fin, Dublal ? Le diras-tu, où est le courage de tes actes ? Au moins, ne te déguise pas en juge ! Ne te grime pas, pitoyable épouvantail ! Qu'on en finisse ! Jette-moi dans le fleuve ! Derrière ce simulacre de tribunal, derrière ta conscience corrompue, c'est bien toi le pire coupable. Coupable d'arbitraire.

Nous en étions à ce stade et le paradoxe était là : sur la terre innommée la parole avait été donnée par les dieux. Écrire reviendrait aux hommes : ce serait leur arrogance, leur défi, leur folie. Sur la terre d'entre les fleuves, l'acte d'écrire en réalité n'existait pas encore que d'emblée il relevait du sacrilège. Le geste, prévenait-on, serait une transgression pour quiconque s'y risquerait. Mais désobéir n'était-ce pas aussi le seul espoir des pauvres gens d'Eana ? Enfin oser dire non ? S'insurger en somme contre la toute-puissance qui faisait d'eux des marionnettes[1] ? Il faudrait bien que les mortels cassent ces fils qui les retenaient, et ce faisant se dressent contre la tyrannie des dieux et bientôt celle des hommes.

Écrire : voilà, oui, la plus lumineuse transgression.

---

1. Les marionnettes ont été découvertes dans la très haute Antiquité, en Égypte notamment (voir Charles Magnin, *Histoire des marionnettes en Europe, depuis l'Antiquité jusqu'à nos jours,* Paris, Michel-Lévy frères, 1852).

TABLETTE 36

Le collier de serpentine avait bel et bien guéri Enmerkar. Le roi s'était réveillé en pleine nuit, certes sans souvenir quant aux événements des trois derniers jours, mais sa fièvre était tombée. Que la serpentine fut efficace pour soigner les piqûres de scorpion, le roi miraculé l'ignorait qui envoya chercher Šum-usur pour la remercier. Mal réveillée, Šum-usur se rendit en bâillant jusqu'au chevet du roi. Damù la suivit en suçant bruyamment un biberon de lait de brebis.

Šum-usur fit irruption dans la chambre où, debout de part et d'autre d'Enmerkar, se tenaient Ninkarrak et Asû. Ninpiriggaldim, lui, était assis sur le lit d'or du roi. Sitôt entrée, Šum-usur eut le regard littéralement happé par ce qu'elle entraperçut dans l'embrasure de la fenêtre : là-bas sur la berge, des hommes s'approchaient dangereusement des tourbillons du fleuve en crue, emmenant le prisonnier d'Aratta.

Elle comprit tout de suite. D'un bond elle courut jusqu'à la terrasse. Ninkarrak, Ninpiriggaldim, Asû, Enmerkar et même Damù observaient son affolement sans comprendre. L'effroi se lisait dans ses yeux. Šum-usur désigna de l'index les silhouettes qui se découpaient dans la brume des berges. Elle fit signe qu'il fallait arrêter ce crime.

– Que t'arrive-t-il ? Pourquoi es-tu si bouleversée ? demanda Ninkarrak en tentant de la calmer contre elle.

Les pleurs silencieux de Šum-usur furent sa seule réponse. Elle tremblait tandis que le roi à son tour scrutait le rivage au bas de la colline en fronçant les yeux.

– Que se passe-t-il de si grave là-bas ? Le prisonnier, oui je le vois, l'ordalie… soit. Tout cela est dans l'ordre des choses : le condamné va subir le châtiment qui lui est dû ! Voilà tout !

– Je ne comprends pas non plus Šum-usur, pourquoi tu te mets dans un tel état, renchérit Ninkarrak.

– Dis-nous ce qui se passe. Essaie avec des signes, la persuada Asû.

Alors, Šum-usur prit une assiette. En un éclair, elle alla vers le patio, puis en revint riche de deux poignées de sable dont elle emplit l'assiette. Tout en montrant les hommes sur la berge, elle traça le signe d'un homme puis celui d'une couronne – la grandeur – sur la surface sablonneuse. 

– L'homme grand, ça, c'est le roi ! traduisit Ninkarrak à haute voix.

Šum-usur acquiesça, avant de montrer du doigt les montagnes bleues, puis le lapis-lazuli.

– Cela, c'est Aratta, conclut Asû.

– Le prince d'Aratta, tu veux parler du prince d'Aratta, c'est bien cela ? demanda Ninkarrak.

Šum-usur d'un hochement de tête confirma, faisant un mouvement des mains pour signifier le crime de Lugalbanda, là, tout juste ici à deux pas en contrebas dans la plaine.

– Tu veux dire que… ?

Ce fut enfin un acquiescement soulagé de Šum-usur.

Les soldats d'un bond sortirent. Ils dévalèrent les versants de la colline sous le regard inquiet d'Enmerkar, de Ninkarrak et d'Asû qui ne quittèrent pas la fenêtre. Damù se tenait en équilibre sur eux, sautillant d'une tête à l'autre en applaudissant on ne savait ni qui ni pourquoi.

Sur la terrasse, la corne achevait de réveiller le soleil d'ébène.

**
*

Les hommes de main de Lugalbanda venaient de jeter le corps du prince d'Aratta dans les remous déchaînés du Buranun. Le cri sans voix de Šum-usur jaillit de larmes que Damù essuya aussitôt, avant de se blottir dans le cou de sa maîtresse.

Les soldats d'Enmerkar accoururent. Juste à temps ils repêchèrent le corps éprouvé du prince, après quoi ils procédèrent sur-le-champ à l'arrestation de Lugalbanda.

Quand le général fut présenté devant Enmerkar entre deux soldats, la foule était massée sur la terrasse. Chacun put entendre le roi déclarer d'une voix forte, les yeux bien plantés dans ceux de Lugalbanda :

– Il m'a fallu un instant, un éclair de lumière pour comprendre que depuis tant d'années tu as tout fait pour me pousser dans l'ombre. Sans doute n'es-tu pas la cause unique de notre déchéance, Lugalbanda, mais un seul homme contre son royaume peut tant de nuisances… Autant un frère loyal peut aider à bâtir un temple, autant le traître émiette la maison familiale. Tu me trahis donc depuis tant d'années ? Regarde-moi et efface ce rictus d'où dégouline la fiente de ton honneur trop pâle. Je ne veux plus te voir au royaume d'Eana.

Soldats, emmenez Lugal et perdez-le dans le lointain. Qu'il soit abandonné, seul au soleil des montagnes.

III
Le temps du roseau

TABLETTE 37

– Au bord de mon lit d'or, assieds-toi donc Ninpiriggaldim...

Dub-sar s'interrompit, s'adressant directement à son maître :

– Ibbi Sîn, tu te doutes qu'à cet instant où Enmerkar convoqua Ninpiriggaldim dans sa chambre, un ultimatum fut posé. Voilà ce que le roi dit à son apkallu dans la plus grande intimité.

Ibbi-Sîn, impassible, ne lâchait pas des yeux la mer ni les soldats sur le rivage, qui attendaient la fin de la nuit pour venir le tuer. Assis sur son trône, toujours il offrait son visage à la lumière. Avec ses bras repliés sur la poitrine, Ibbi-Sîn ressemblait à un orant, encore et toujours...

– Maître, voici donc les paroles d'Enmerkar à son apkallu :

– Au bord de mon lit d'or, assieds-toi Ninpiriggaldim. Regarde ma colère : qu'as-tu à répondre ? Dois-je te croire à la fin ? Irnini ne revient pas. Lugalbanda m'a trahi. Eana touche le fond de la misère. Les olifants guerriers d'Aratta rugissent – entends-les derrière les montagnes bleues – et piétineront bientôt la boue de nos ruelles. Les crues ne finissent pas d'inonder les habitations misérables des berges autant que ce dépit des hommes qui est aussi le mien. Et mon fils dont tu avais promis

que je le reverrais, s'il a bien été sauvé in extremis des eaux du fleuve… Tu as entendu comme moi ce qu'il m'a dit avant de s'enfuir… Tu as entendu, Ninpiriggaldim ? S'il reconnaît Irnini pour mère, il assure ne pas me tenir pour père, tant il me respecte peu et croit que je suis la cause des guerres incessantes avec Aratta. Il est reparti là-bas et ne reviendra plus… Alors que réponds-tu ? Ton secret reste opaque. Il nous accable, et puisque tu es si fort, pourquoi ne le dénoues-tu pas ? Crois-tu que la faim d'Eana se nourrisse d'énigmes ? Ninpiriggaldim, toi dont le jugement jadis était si sûr, tu verses dans l'indécence, à moins que ce ne soit la démence ! Alors, je te le demande une dernière fois : où est notre fortune ? Je ne crois pas sérieusement qu'elle se cache sous le masque dont tu parles. Ninpiriggaldim, toi le vieux batelier qui eut toute la confiance de mon père puis la mienne. Non, ce soir j'ose te le dire : je ne te crois plus. Un marché ? Tu me proposes un marché ? Quoi donc ? Quelle garantie possible ? Un menteur est un menteur. Un imposteur se délecte de promesses. Aucune solution n'existe qui garantisse un engagement. Si ? Laquelle ? Si ce que tu me prédis ne survenait pas, un clou te sera planté dans la langue comme une humiliation pour le restant de tes jours ? Te voilà très téméraire : sache que pas plus tard que ce matin, j'ai donné ordre à nouveau de fouiller chaque recoin du temple. Sans répit, tout a été prospecté. Tous s'y sont mis, tous ont cherché : les gardes, les prêtres, les esclaves, même les porteurs d'offrandes. En vain. Ils sont encore ce soir à l'affût de ce masque à même de me rendre, selon toi, fortune et fils. Mais le temps nous est compté, Ninpiriggaldim. Il n'est plus question de suppositions ou d'attente. La vie ou la mort, voilà l'enjeu. Je ne suis plus le petit garçon avec lequel tu jouais au jeu de l'oie ou aux osselets. Tes histoires auparavant m'endormaient doucement ; à présent elles m'exaspèrent ! Non je ne suis plus un enfant. J'attends de toi que tu tiennes ta parole.

Alors qu'il tournait ses talons de chat, Enmerkar de son lit d'or se ravisa :

– Soit. Passons ce marché que tu me proposes Ninpiriggaldim. Je veux bien faire l'effort pour la dernière fois de te laisser quelque crédit ! C'est tout ce qui me reste, après tout : cet espoir insensé ! Mais si tu échoues à ramener la fortune et mon enfant au temple blanc, tu auras la langue plantée d'un clou pour toujours.

TABLETTE 38

Les lucioles goûteuses de larmes dansaient dans la brume blanche déposée sur la rivière Buranun. Sur la colline où dormaient les temples, la sentinelle prit son tour de garde, chassant Damù qui – au bout d'une liane – vint atterrir dans un fracas de feuilles sur la tour de guet. Le ciel sauvage avait capé le fleuve de bleu.

La nuit avait épuisé les âmes, réveillant de ses crues brusques les habitants en bas de la colline. En cette saison, le Buranun les avait bien habitués à ses caprices, mais enfin, jamais à ce point. D'année en année, les crues se faisaient plus violentes. Les maisonnées proches des rives, submergées par les eaux, semblaient flotter. Les ruelles se taisaient. Ne résonnaient que les gestes des pauvres gens qui séchaient, balayaient, nettoyaient en silence devant leurs portes. La fatigue se lisait sur leurs visages.

Un palmier dattier déraciné vint buter sur un toit dont le faîte dépassait. Puis le tronc vagabond s'en alla mourir plus loin sur la grève du fleuve. Pour les lucioles et les libellules, ces inondations étaient une fête car les branchages qui s'abandonnaient ici ou là à l'onde tranquille faisaient une margelle aux tortues échouées. Les grosses pattes, malhabiles sous les carapaces, se hissaient lentement sur les écorces des troncs perdus au gré de l'eau. Ayant grimpé sur leur arbre flottant, les tortues grignotaient alors tranquillement le liège en se séchant sous les rayons de l'aube. Leurs cuirasses dodues se réchauffaient à la caresse du soleil rouge. Elles se reposaient de leur ponte fertile en toute quiétude puisque leurs œufs dormaient tout près, à l'abri, enfouis sous le limon des rivages embrasés.

Soudain, comme une éclaircie sur l'ombre pourpre, un vol de lucioles apparut, dansant dans l'aurore. Une nuée d'ailes aux couleurs tournoyantes se bouscula autour des carapaces, les lucioles buvant les larmes des tortues. Elles lampèrent leurs sanglots à n'en plus finir, puis s'éloignèrent, saoulées par le plaisir. Les apkallu disaient qu'à Eana, le secret de ce breuvage prisé par les insectes était sa richesse unique en sels minéraux. Quand tout à coup cessa le ballet des larmes, et que se suspendit le vol des lucioles dans le lointain, l'éternité et le fleuve reprirent leur cours tranquille.

Emmené par la pirogue de Ninpiriggaldim, un vieux villageois, accablé par l'âge et la misère, s'en allait lui vers sa mort. Il s'était apprêté pour la circonstance, plâtrant son corps et son visage d'argile séchée au vent. Ainsi couvert de boue durcie et craquelée, il apparut à Ninpiriggaldim comme une silhouette irréelle. La petite embarcation de l'apkallu glissait dans le golfe des eaux amères où frissonnaient les grands marais de roseaux près des champs blonds, verts et ocre de céréales. Les troncs d'arbres gisaient dans le courant du fleuve de la contrée des ombres tels des cadavres. Après avoir atteint l'autre rive, Ninpiriggaldim quitta le vieil homme, le laissant mourir seul sous le soleil, enrobé de sa carapace de glaise, conformément à son vœu.

Dans le lointain des montagnes bleues, les armées d'Aratta préparaient l'assaut que désormais chacun savait inévitable.

Il avait bien fallu le désordre sauvage des mots avant ce silence. Et il appartenait à la terre de murmurer la paix avant d'enfanter les hommes dans le cri et le sang.

TABLETTE 39

– *Enfin te voilà, Irnini,* dans le petit matin ! Si longtemps que nous t'attendons ! Assieds-toi donc, ma douce. Si tu savais, pendant ton absence, tout ce qui s'est passé. Assieds-toi près de moi et raconte. Que dis-tu là ? Oui, je connais cette énigme, et personne à Eana n'y a rien compris. Ninpiriggaldim n'a de cesse de nous la soumettre :

« Trois signes : 

un masque ; un calame Gu.sum šà sud.rà. »

Irnini, que me dis-tu, toi qui reviens ? Raconte-moi. As-tu vu Enki ? As-tu rapporté le Me de la fortune ? Tu m'as manqué. Te rappelles-tu, Irnini, le soir où nous avons fait l'amour la première fois ? Comment tu avais disposé la nuit pour t'y coucher, l'ornant de coussins et de soies lissées ? Comment tu avais accroché des persiennes aux lucarnes de l'aube pour éteindre plus longuement le ciel ? Du temple, tu avais dépoussiéré les tristesses inutiles. De la terre, tu avais jeté les ouragans et la noirceur, sauvant la bruine et le soleil. Puis ôtant ta jupe pourpre, tu étais demeurée nue un long moment, bercée par le vent chaud. Après avoir parfumé ton corps de parfums fleuris, quand tout fut prêt tu fis tomber les murailles guerrières que j'avais bâties au pourtour de mon âme. Tu fus douce. Je le fus aussi. Tu m'ouvris tes cuisses. Tu goûtas longtemps mes lèvres. Je goûtai longtemps les tiennes. Puis je me rappelle te voir glisser sur mon sexe. Ton regard sans l'once d'un remords. Cambrée sur l'horizon incendié. Les seins mouillés d'azur. En faisant l'amour, toi et moi fêtions la vie, le crépuscule et la mort. C'est vrai, comme tu le dis souvent : la rencontre des corps, c'est la chute gourmande dans le vide d'une tombe, pour renaître plus grand et plus vivant. Ce soir-là, c'est débordante de vie que tu me chevauchas, toi qui glissais sur moi comme le temps s'enfuit des sabliers. Te rappelles-tu Irnini, toi qui reviens : ce soir-là fut si beau que j'eus le pressentiment qu'un enfant pouvait en avoir été conçu… L'as-tu jamais espéré aussi ? Non ne t'éloigne pas… Puisque tu y tiens, d'accord, parlons d'autre chose… Assieds-toi donc sur mon lit d'or, ma douce. Raconte-moi. As-tu rapporté le Me de la fortune ? Non ? Que m'apprends-tu ? Tu n'as pu ramener que le Me du roseau : que veux-tu donc que nous fassions avec ça ? Comment allons-nous répondre à Aratta dont on entend au loin les chants guerriers ? Tu comptes avoir raison d'Ensuhgirana avec ce bout de roseau ? Par la ruse, dis-tu ? Décidément, je suis perdu. Et toi je t'espère plus réaliste que Ninpiriggaldim ! Ah oui, voilà qui devient déjà plus pragmatique : la famine d'Aratta… J'ignore comment tu t'y es prise. Mais oui, bien sûr que cela pourrait nous permettre d'enfin soumettre Ensuhgirana. Irnini, je te fais confiance et je t'aime. Si tu as effectivement provoqué la famine chez l'ennemi, nous pouvons renverser la situation. Mais regarde, un émissaire arrive à l'instant qui vient de traverser les montagnes séparant les deux cités. Il me propose un duel de l'intelligence avec le seigneur d'Aratta. Pourquoi pas après tout ! Je m'en remets à tes règles. L'esprit aura donc raison de tout. Dans le levant du côté de l'Orient, la seule chose dont je suis sûr est que rien n'était né avant nous. Alors je remercie. Je remercie mon bonheur à tes côtés Irnini, et je t'aime. Puisque tu le demandes. Puisque tu l'ordonnes. Plus de sacrifices et plus de violence. Je t'écoute. L'affrontement entre Ensuhgirana et moi désignera pour vainqueur celui dont la pensée et l'imagination sont les plus puissantes. C'est ta règle du jeu, et je m'y plie de bonne grâce. Voyons ce duel ! Enfin, te voilà revenue chez nous. Enfin tu es assise sur mon lit d'or.

Irnini était résolue à vaincre lors de l'affrontement à venir, d'une façon et d'une seule : en éradiquant le sang et le sacrifice des innocents. Plus de combats donc, puisque la guerre appelle la guerre. Il fallait autre chose, une diversion… La seule bataille pacifique qui existât était celle de l'intelligence, non ? C'est quand elle s'était engagée sur le chemin du retour que la reine avait eu cette idée d'un combat aussi singulier. Traversant la forêt de cèdres, soudain elle avait aperçu une vingtaine d'arbres coupés dont il ne restait que le pied. D'un coup, en voyant ces troncs raccourcis, s'était révélée la clé de l'énigme qui avait récemment plongé Eana dans la perplexité : le vol de la statue d'Utu. Personne en effet n'avait pu expliquer comment un colosse si lourd avait pu être soulevé, le mystère étant demeuré entier. Comment les voleurs – fussent-ils plus nombreux que les étoiles – comment diable s'y étaient-ils pris pour transporter la statue ? C'est en voyant les troncs coupés qu'Irnini avait eu un déclic. Sur les grands troncs alignés par terre côte à côte, les voleurs n'avaient eu qu'à poser horizontalement puis faire rouler, rouler encore la statue en marbre. Tirée par une corde, et glissant sur cette sorte de rail mouvant : c'est bien ainsi que la sculpture colossale avait été emportée. Un chef-d'œuvre de ruse.

Voilà comment Irnini en était venue à décider que toute guerre désormais serait une lutte d'intelligence. Plus de sacrifices. Plus de sang. Il faudrait armer son esprit, car l'esprit pouvait tout.

– Soit, soyons rusés. Mais qu'est-ce donc que ce sacrifice du calame ? demanda Enmerkar.

– Je puis te dire que je reviens au moins en ayant compris une partie du sens de l'énigme de Ninpiriggaldim. Tu te rappelles, ces mots : *Gu.sum šà sud.rà* ? Ils signifient « les signes à double sens ». Je ne saurais trop te dire quels signes, ni quel double sens, mais tu as là la preuve que notre victoire se gagnera en prenant les armes de la pensée. Par ailleurs, je sais que tout tourne autour de ce calame qui a vocation à remplacer le sacrifice. Incisant, coupant l'argile, ce calame laisse une plaie – dit-on – sur une tablette de terre, une plaie aussi rouge que le sang du bélier. J'ai appris… j'ai appris tout cela durant mon voyage.

Enmerkar alors dit à Irnini :

– La guerre approche. D'évidence, elle se prépare dans le lointain d'Aratta où coule un lourd silence sur le fleuve Halil. Le murmure des armes serpente partout. Le fils qu'on attendait ne viendra plus. La pauvreté étouffe l'air. Et toi Irnini, tu parles de ruse ? Tout ça est léger, je le crains…

– Fais-moi confiance. Le calame qui scarifie la glaise remplacera le sacrifice car il est lui-même sacrifice symbolique. Le roseau plus sûrement que tout saignera la misère des hommes.

– Tu es sûre, Irnini, que nous pourrons en finir avec ce mince stratagème ?

– Je crois, oui.

– Ninpiriggaldim aussi a parlé de ce sacrifice du calame. Mais comment le matérialiser ?! Comment procéder ?

**
*

Pour toute réponse, Irnini se dirigea vers la terrasse où l'attendaient les villageois, chacun portant une torche. Ensemble ils ondulaient dans la nuit comme une mer de flambeaux.

– Ensuhgirana nous a lancé trois défis : transporter des grains de blé dans des filets, lui livrer un sceptre qui ne soit ni de bois, ni de métal ni de pierre, et enfin envoyer à Aratta un lutteur dont le vêtement n'aurait point de couleur connue. Au travail ! Il faut relever chacun de ces défis puis envoyer Ninpiriggaldim faire constater notre victoire. Ninpiriggaldim sera notre meilleur ambassadeur puisque du temps de Meski'ag-gašer, quand prospéraient les relations entre nos deux pays, le batelier faisait office d'émissaire attitré. Il a la sympathie personnelle du seigneur d'Aratta. Il est subtil, et connaît parfaitement la langue de l'ennemi. La force de l'esprit et l'habileté que nous mettrons en œuvre auront raison de cette guerre.

TABLETTE 40

Le premier défi trouva sa solution grâce à l'aide involontaire de Damù. Près du silo, Šum-usur ramassait les grains à la fourche, nettoyant ainsi le sol avant les fêtes de Dul-ku. Des jarres débordantes de bananes, de pommes, d'oranges et de grenades se tenaient rangées, en ligne le long du rivage. Damù assis sur l'amphore gorgée de dattes attendait d'improbables bateaux. Excité comme une puce, le petit singe de temps en temps sautait d'une jarre à l'autre, faisant une halte pour déguster une noix enrobée de miel, ou applaudir à tout rompre chaque fois que sous la fourche relevée de Šum-usur, les grains volaient en bouquet en se séparant de leur balle. La jeune fille bien que perdant souvent des yeux son alter ego de ouistiti, ne s'en inquiétait guère.

Cette fois cependant, dans son emballement, Damù sauta si haut qu'il retomba tête en bas, coinçant ses épaules dans l'ouverture d'une jarre vide. On ne voyait plus que ses jambes poilues pédalant dans les airs, vers le ciel bleu. Šum-usur le laissa ainsi, car au moins ses protestations sonores étaient étouffées par l'amphore. Elle n'était pas mécontente d'être libérée quelques minutes de ce singe ahuri qui aurait le charme nouveau de la discrétion.

**
*

Enmerkar se promenait, soucieux de relever le défi d'Aratta, a priori impossible.

Šum-usur lui sourit quand il approcha :

– En voyant tes grains de blé qui voltigent, je songe, poursuivit-il, je songe au seigneur d'Aratta qui m'a lancé le défi suivant : transporter jusqu'à lui des grains de blé dans deux filets maillés sans qu'il en tombe un seul !

À ces mots, Damù bondit hors de la jarre, puis fusa sur les épaules de sa maîtresse, au point qu'elle faillit culbuter.

– Je n'y arriverai pas. C'est infaisable ! poursuivit Enmerkar. Tu vois, les mailles d'un filet sont grandes, aussi larges qu'une écuelle qui contient elle-même cinquante grains de blé ! insista le roi auprès de Šum-usur, tout en souriant des frasques de Damù.

Puis le roi s'assombrit à nouveau. Comment relever pareille gageure ? Les grains forcément tomberaient au travers des mailles !

Damù revint sur l'épaule de Šum-usur, lui embrassant le nez pour se faire pardonner. Le singe avait orné son museau de deux grains de blé germés dont la forme – en épis – imitait une généreuse moustache à sa lippe de ouistiti. Il arborait fièrement ses bacchantes en blé doré. Enmerkar rit à nouveau :

– Tu fais moins le fier quand d'aventure on te retrouve la tête coincée dans une jarre et les pattes en l'air !

C'est à cet instant précis que Šum-usur eut un éclair de génie. Courant après Damù, elle arracha l'épi de blé du museau de son singe malgré ses réticences, puis alla chercher un carré ajouré de filet à conteneur. Elle revint vers Enmerkar qui la regardait, interloqué. Elle s'approcha au plus près du roi pour mimer au mieux l'idée qu'elle venait d'avoir. Elle posa l'épi – celui, germé et large qui avait servi de moustaches à Damù – sur une des mailles du filet, auquel il resta accroché, très logiquement.

La démonstration tombait sous le sens : les grains de blé, dès lors qu'ils avaient germé, étaient de dimension bien supérieure à la maille, leurs germes s'agrippant aux fils du maillage. Les yeux de la jeune esclave riaient de satisfaction. Dire que cette idée avait surgi en regardant les moustaches géantes et blondes de son pitre de ouistiti !

– Šum-usur, il faut croire que l'ingéniosité pousse mieux sur le silence ! s'exclama Enmerkar.

Avant de partir, le roi prêtre ajouta :

– Grâce à toi, je vais ordonner que les filets de blé germé soient livrés sur-le-champ au seigneur d'Aratta dont j'entends, pour le connaître bien, déjà la colère. Ton astuce vaincra sa force. Je saurai me souvenir de tes grains rusés.

Il tourna le dos. Elle regarda sa silhouette s'évanouir dans la lumière. Par-delà le don, c'est le pardon lui-même qu'elle venait d'offrir à Eana.

Les grains rusés, c'est le monde qui cherche son chemin. Un petit bonheur qui passe au milieu de la folie des hommes. Šum-usur continua de faire voler les grains avec sa fourche. Dans ce mouvement soulevant l'or vers le ciel, tout l'être de Šum-usur parlait à l'unisson du ballet de la terre. L'amour devait ressembler à cette sorte d'émotion qui enserrait le ventre. Elle n'avait pas revu le tisserand du Mudhif, mais à chacun de ses gestes, elle pensait à lui. Même s'il n'était pas là elle le respirait jusqu'à être soûle de son odeur sucrée. Elle appelait son torse large vers elle. À tous les instants, elle avait envie de ce corps inconnu mais familier. Le reverrait-elle enfin ?

**
*

Le second défi lancé par Aratta à Eana – produire un sceptre qui ne soit ni de métal ni de bois – fut à son tour relevé. Le riche roi d'Aratta savait qu'un royaume ne pouvait appartenir à un roi si pauvre qu'il serait incapable de ciseler un sceptre dans une matière noble. Il savait aussi le pays d'Eana démuni de tout. Voilà pourquoi il avait imposé ce défi à Enmerkar, qu'il pensait acculer dès lors à mettre un genou à terre, reconnaissant sa misère de vaincu. Cependant Ensuhgirana avait oublié une chose : Eana possédait le roseau. Enmerkar sculpta donc un superbe sceptre de roseau. Le deuxième défi lancé avec arrogance par le roi d'Aratta ne vint aucunement à bout d'Enmerkar, pas davantage que le premier.

**
*

Quant à l'ultime défi d'Ensuhgirana, il fut aussi résolu.

– Enmerkar serait-il en mesure de produire un « ur » ni noir, ni blanc, ni brun, ni d'aucune couleur ?

Le mot « ur » signifiant combattant, on ne pouvait en réalité guère imaginer un soldat sans couleur aucune. À première vue donc, le piège tendu par le seigneur d'Aratta semblait imparable. Pourtant la finesse d'Enmerkar releva que ur avait une autre signification, un ur désignant aussi un vêtement. Il envoya donc un combattant vêtu d'un habit écru, c'est-à-dire non teint et sans couleur. Ensuhgirana, dépité, ne put que constater que son adversaire avait une fois encore relevé le défi avec succès.

À ce stade, voilà où nous en étions. Eana avait gagné au duel d'intelligence, mais Aratta avait su temporiser, gagnant le temps qui lui était nécessaire pour échapper à la famine qu'Irnini avait su – par une sorcellerie dont elle avait le secret – imposer lors de son dernier voyage. Le déroulement de ces trois défis avait permis à quelques orages, en effet, de laisser repousser l'orge à Aratta, éloignant ainsi la famine.

Si bien qu'Enmerkar et Ensuhgirana demeuraient, à l'issue de ce duel d'intelligence, dans une égalité confondante. Aucun vainqueur ne s'était imposé.

De là à conclure que la force brute reprendrait ses droits sur l'art de la ruse, il n'y avait qu'un pas. Et Ensuhgirana le fit aussitôt, qui possédait l'avantage en hommes et en armes. Les armées d'Aratta se postèrent donc en ordre de bataille au bord de l'Halil. Ensuhgirana prévint qu'il laisserait passer les fêtes de Dul-Ku avant de porter le coup de grâce à Eana.

Eana n'aurait cette fois aucune chance. La cité d'Enmerkar se battrait jusqu'au bout, livrant ses dernières forces tête haute, même si d'évidence ce dernier combat promettait sa ruine.

TABLETTE 41

Dub-sar se leva et déposa la quarantième tablette aux pieds de Sâmâs. Le scribe marcha pour délasser ses jambes engourdies. Son torse se soulevait doucement sous sa respiration, couvert d'une fine sueur scintillant autant que les étoiles auxquelles il offrait son visage. La brise tiède soufflait sur la terrasse. Si seulement fermer les yeux pouvait éloigner le spectre de ces soldats postés là-bas sur le rivage, si seulement… Il tourna son regard souligné de khôl vers Ibbi-Sîn qui esquissa un sourire. Dub-sar alors revint s'asseoir. Le récit devait se dénouer, car la nuit avançait sans concession vers l'aube brutale.

– *Nisaba Šum-usur.* Bonjour, Nisaba, répéta la voix grave, tandis que Šum-usur s'arrêta, pétrifiée, sur le pas de la porte, aveuglée par le contre-jour et ne discernant pas celui qui, depuis l'intérieur, s'adressait à elle.

Le soleil dehors s'était fait trop lourd. Šum-usur arrivait, essoufflée, et comme toujours la dernière pour le repas. Dans le Mudhif se répandaient des odeurs sucrées. Debout dans l'embrasure de la porte, elle sortit un mouchoir de lin qui essuya les gouttes sur son front. Avant d'entrer, elle se retourna et jeta un dernier regard vers le rivage où les pirogues alignées clapotaient doucement. Chaque esclave avait amarré son embarcation aux tiges frémissantes, ce qui offrait le tableau d'un petit port de pêche.

Il était bon de rentrer au Mudhif. Pour les esclaves, c'était comme revenir à la maison. Leurs histoires ici se nouaient, s'enchevêtraient, se déliaient. Les existences s'entremêlaient. La vie, les sourires, la tristesse, l'émotion, la colère, la faim d'une autre vie, la fierté de ces mains qui semaient le monde : le Mudhif était une ruche qui donnait le miel de la tendresse. Les esclaves y bougeaient, dansaient, y travaillaient et tempêtaient de rires qui fendent le soleil. Ici, les regards se frôlaient, se caressaient, se pénétraient dans la lumière du ciel. Tout se mélangeait, comme des corps nus car les âmes déshabillées de tout n'ont rien d'autre que l'amour.

– *Bonjour Nisaba*, s'impatienta pour finir la voix grave qui attendait dedans.

Toujours postée dans l'entrebâillement de la porte, Šum-usur discernait juste une silhouette, avec une robe longue, lui sembla-t-il.

– Eh bien, ne reste pas figée comme une statue d'albâtre ! Entre ! Approche !

Les esclaves assistaient à la scène, sans bouger. Bouche bée, tous avaient les yeux rivés sur Šum-usur qui osa enfin un pas vers Enmerkar.

– J'avais promis. Me voilà.

Il approcha, prit entre ses doigts la main de Šum-usur et déposa dans sa paume un petit objet noir tout rond, de la taille d'un pouce. Interloquée, la jeune fille tourna le sujet entre ses doigts. Les pourtours étaient ornés de ciselures et d'images finement gravées. Deux liserés en lapis-lazuli le bordaient. Devant ses yeux éblouis, Enmerkar expliqua :

– Bur-Gul, l'orfèvre lapicide du temple, fils de Puzur-Ninkarrak, lui-même fils de Kanati, a sculpté ce sceau cylindre dans la roche des trois volcans. On dit de cette pierre – provenant des montagnes Amanus, Taurus et Zagros –, on dit de cette roche noire qu'elle soigne les muets. Sur le basalte sombre, Bur-Gul a ciselé le visage de la déesse des céréales qui protège à jamais ton nom : Nisaba Šum-usur. « Nisaba protège son nom » : voilà ton nom à jamais gardé par ce sceau cylindre !

Les yeux de Šum-usur brillèrent de joie et de tristesse mêlées. Sa vie décidément changeait comme les mues reptiliennes. Tour à tour fille du roi du désert, vendue par des marchands, puis esclave d'Enmerkar, enfin aujourd'hui honorée par le souverain d'Eana : que de vies, les unes sur les autres empilées telles des peaux de serpents.

Que de larmes, de sanglots pour aller de la veine au marbre, du sang rouge à la chair, de la pierre vers le souffle et peut-être… Peut-être demain, du silence vers la renaissance.

TABLETTE 42

Les vents guerriers souffleraient.

– C'est cela Ibbi-Sîn, répéta Dub-sar, relevant sa tête nue et son visage ouvert vers son maître. La guerre balayerait Eana de ce souffle que tu connais car la guerre sur la terre d'Orient, tu le sais, quand elle vient épuise la vie et ne s'en retourne que lorsque tout est lacéré : les fleuves écartés, le ciel, les roseaux puis le soleil comme une orange coupée en deux... Tu sais cela Ibbi-Sîn, toi qui attends stoïque la lame des soldats... L'Orient est passionné.

C'était une certitude, poursuivit Dub-sar : la guerre se déchaînerait sur Eana qui n'y survivrait pas.

**
*

Voilà. Nous y étions. Le Kârum – le quartier des affaires – ce matin-là était voilé d'un silence de mort. Le long des rives pâles du port, pas une silhouette ni un marcheur. Les entrepôts, les silos et les bureaux de douanes avaient été désertés. Un chat miaula, le nez pris dans un amas de détritus. Dans ce décor à l'abandon, on aurait douté que les quais d'ordinaire animés aient jamais vu accoster un seul bateau. Une barque s'échoua sur la grève, la coque éventrée de s'être heurtée aux rochers fracassants. Où étaient les marins, les voyageurs et les pêcheurs ? La cohorte des fuyards voguant sur les eaux claires ? Où se cachaient le jour et sa lumière ? Sur la toile du silence ne résonnait finalement que l'écho des danses guerrières d'Aratta au creux de la vallée.

Les damgar – hommes du grand commerce – avaient délaissé les berges pour la taverne. Dans le troquet, la nouvelle courait de table en table : les soldats d'Aratta attaqueraient Eana dès que s'achèverait la fête de Dul-Ku. Le désespoir ce matin-là donna mille visages aux hommes : ici on se hélait, là on pleurait dans l'ombre, certains s'apostrophaient, s'isolaient dans un coin, riaient même nerveusement aux éclats. Tous quoi qu'il en soit s'étaient rendus à la taverne, comme à un rendez-vous jamais donné. Les artisans avaient fermé les échoppes. Personne ne manquait.

– De toute façon, nous n'avions plus ni farine ni orge sur les étals ! lancent à l'unisson Arar le meunier et Epû le boulanger.

– Moi, c'est pareil : pas un chêne, plus un genévrier ou un cyprès. Tous les arbres venaient d'Aratta, alors… ponctua Nagar l'ébéniste. Dis, berger, tu sais où on en est dans les champs ?

– Un repaire d'ennemis, cachés partout ici ou là. Des coupe-gorge ! Après les incendies, même les bêtes ont fui les marais…

– Notre vie ne vaut plus un gur d'orge ni un sicle de cuivre ! crie Ashgab le tanneur.

– Hier ruinés, demain nous crèverons ! Une solution, une seule : fuir avant que notre sang coule dans nos maisons, conclut haut et fort Kudim, le doyen des orfèvres.

**
*

Un silence alors se fit, très lourd, interrompu d'une voix cassée et sourde qui retentit comme un glas :

– Même fuir désormais est impossible : les hommes d'Aratta nous encerclent, les uns armés de torches près des digues et des roseaux, les autres de machettes aux portes de la ville. Nous sommes cernés. La seule chose qui nous soit encore possible, c'est accepter et nous préparer à la fin.

Les vents guerriers, oui, souffleraient puis en soufflant balaieraient le monde. La guerre hantait les hommes aussi nerveux que des chevaux avant l'orage.

Arar le meunier, Lunga le brasseur, Nagar l'ébéniste : tous se turent, flairant la mort qui rôdait, et discernant chacun dans le regard de l'autre le reflet de son cadavre puant. Kudim avait raison. Ce coup-ci, c'était bien fini. Eana crèverait la bouche ouverte.

TABLETTE 43

Puisque c'en était fini, et que ni les prières ni personne cette fois n'inverserait le cours des choses, alors ils mêlèrent leurs larmes pour s'étourdir ensemble. Ils firent vite. Ils pleurèrent sans retenue. Comme un adieu. Aller à l'essentiel : se parler, se toucher. Ils se dirent qu'ils s'aimaient. Ce soir-là, les habitants d'Eana ne pleurèrent pas sur leur pauvreté, non : seulement sur la tendresse qui les quitterait. Ils ont levé les yeux vers le ciel noir. Dans leurs mains entrouvertes, rien qu'un long sanglot où se fermeraient à jamais les paupières d'une joie qui n'avait cessé de les fuir.

Depuis trop longtemps leurs pas piétinaient la boue des ruelles. Les femmes enfantaient avec le sein sec, les nourrissons malades mouraient sans médicaments : se pouvait-il qu'un simple secret cause tant de dégâts ? Ce mystère inviolé derrière les remparts avait-il suffi à propager la mort sur tant de destins ? Que de souffrance sous les débris du ciel !

Après avoir traversé les étangs lentement, Šum-usur attacha la corde de la pirogue à un pylône. Le soir tombait. La lune s'était recroquevillée. Les préparatifs de Dul-Ku laissaient à penser que la vie ensuite continuerait. Pourtant, il n'en était rien. Tandis qu'elle grimpait les versants de la colline, des larmes chaudes coulaient sur les joues de Šum-usur. La jeune fille rentrait de ce qui serait son dernier jour de moissons. Le travail au cours de ces longs mois avait beau lui avoir cassé le dos, il lui avait surtout si bien taillé l'âme que la sève en était remontée. C'est bien grâce à l'île aux Mille-Soleils que progressivement elle avait – un peu chaque jour – retrouvé vie.

Les cheveux imprégnés de seigle, un épi dans les plis de son pagne, la peau parfumée de fleurs et une calebasse d'argile dans la poche : Šum-usur rentrait au temple chargée de souvenirs indicibles. Elle s'avança sur la terrasse. Réuni autour d'Enmerkar et de Barû la sibylle, le Sénat cherchait ce qui, par impossible, pourrait encore juguler la fatalité qui murmurait. Šum-usur, seule, déambulait dans les couloirs blancs du temple. Même quand la sentinelle éteignit les torches, le conseil d'Eana continua de délibérer sous un chariot d'étoiles, et les villageois demeurèrent groupés sur les versants de la colline, à attendre Barû, la seule peut-être qui pourrait un miracle.

Soudain, la nuit mélangée d'or et de soie résonna justement de la voix rauque de la sibylle.

– Rien n'arrête la fatalité. Or aujourd'hui, la fatalité, c'est la guerre, déclara-t-elle simplement, comme un aveu d'impuissance.

Près du feu du désert, près des fleuves en crue, il aurait fallu peu de chose sans doute pour que la chance bascule à nouveau. Alors tous ces gens simples aux contours épurés auraient pu se dévoiler peu à peu. Ils n'en auraient pas le temps. Un peuple de mendiants saurait-il apprendre quelque chose à ses contemporains ? Ces braves ne laisseraient rien d'autre que leur courage aux hommes de demain. Leur histoire, de bout en bout, n'aurait eu l'allure que d'une coupe vide. De mots qui se cherchent. Un pays sans nom. Un chemin qui se perd.

Tout comme ils avaient été de petites gens, la mort de ces misérables ne serait pas grand-chose. Tout irait vite à présent. Après le fracas attendu des armes, ils entreraient dans l'éternel silence.

**
*

– Vous pleurez, dit Irnini en faisant irruption sur la terrasse – vous pleurez à cet instant, alors même qu'à l'approche de la mort la fête doit être plus belle que jamais. Préparez Dul-Ku. Quand demain le gnomon affichera le coucher du soleil, les guerriers fondront sur notre misère. Alors dépensez le maigre bien qui nous reste dans la fête. Je vous le demande : pour Dul-Ku, partagez-le. Dansez, aimez-vous une dernière fois. Riez toute la nuit, qui sait si d'aventure ne viendra pas la joie ?

La reine avait raison. La gaieté est une politesse. Puisque le temps était compté avant que soit dévasté le ciel, il fallait faire vite. Le nouvel an de Dul-Ku serait plus beau que jamais. La terre devrait s'en souvenir comme le bonheur lui-même. Ainsi fut fait.

**
*

Ce jour de grand marché annuel, tous les marchands, les voyageurs semblaient s'être donné rendez-vous à Eana, ignorant ce qui s'y jouait. Seuls les villageois, dans le secret de leur cœur, savaient que cette journée serait la dernière. Tous donc s'attelèrent aux préparatifs d'arrache-pied, en écumant pour commencer les ultimes réserves du temple. Ils oublièrent leur tristesse. Du bas de la colline jusqu'en haut de l'autel, la fête se prépara comme jamais. La joie pour la dernière fois. Les corps se libérèrent, dansant dans les rues. Les esprits se déliaient. Dans les allées, sur les places, les habitants jetaient par milliers et haut vers le ciel des grains de blé non germés. La semence dorée retombait en pluie sur la colline éclairée de lune blonde. Le pain et les galettes de sésame cuisaient dans le four du boulanger, parfumant les ruelles sombres de miel. Le peuple de la misère préparait le repas qu'il dégusterait ce soir sur une table opulente de mets. Un dernier festin. Ortolans grillés, oies, gâteaux de blé, dattes et fruits des vergers du temple. Tout serait sorti, et succulent.

Les marchands déballèrent les étals. On n'avait plus vu à Eana de si belles choses depuis le règne faste de Meski'ag-gašer. Les moindres recoins furent fouillés, le contenu des coffres vidé. Aussi les tables regorgeaient-elles de tout : d'épices, de sel, de dattes de Kish, de turquoises du désert. Il y avait aussi la pierre noire de l'arc des trois volcans, le bois du pays des coupeurs de cèdres, les mastabas d'Aha, et bien sûr le lapis du pays d'Élam. Les négociants, une chope à la main, riaient autour du feu.

Un étranger – se disant fauconnier du pays des piliers du ciel – prétendit avoir dressé un aigle dont les serres transportaient des rébus – sortes de charades dessinées – par-delà les rivières. Un aigle léontocéphale... Les visiteurs venus des quatre orients se pressaient autour de cet oiseau magique.

Nisaba-Šum-usur, de la fenêtre de sa chambre observait ces gens savourer leurs dernières heures ensemble. Un soleil rouge enveloppait la colline malgré le ciel automnal qui gémissait en bête blessée. Vif comme l'éclair, Damù sauta, subtilisa quelques calculi qu'il envoya en bas. Le bougre visait bien. Quelqu'un aussitôt cria, depuis la foule massée au pied du temple :

– Oh, là-haut, ma tête est pas en bois !

Šum-usur chercha son singe pour lui donner une fessée. Trop tard. Fuyant la réprimande, déjà il avait grimpé dehors, accroché à un rebord du toit.

« Voyou de singe ! » pensa Šum-usur en donnant un coup de martinet dans le vide. Damù revint, chiper cette fois une bille d'argile à sa maîtresse, avant d'aussitôt se blottir dans le creux de son épaule. Les enfants couraient partout au milieu des statues, lesquelles semblaient fixer le lointain d'Aratta dont les olifants redoublaient.

Malgré le ramdam, Šum-usur s'endormit sur la terrasse, une bulle enveloppe contre la joue. Nue sous sa robe fine et prête à tous les ailleurs, elle offrait son visage à l'éclat de la lune ronde sous laquelle Ninpiriggaldim conduisait sa pirogue.

Eana s'ouvrait à la vie au moment même où les lumières du monde se préparaient à s'éteindre. Demain.

TABLETTE 44

Dub-sar, après s'être levé pour aller déposer la tablette précédente au pied de Sâmâs, se rassit en tailleur sur son coussin, puis reprit le cours de son récit, tout en commençant de graver une nouvelle tablette :

Celui qui a semé la force si souvent, ce roi dont la légende retiendra qu'il faisait poindre le jour à la pointe de son épée, ce souverain en robe blanche remontait la colline en exhibant la dépouille du lion. Sur son passage, la foule acclamait sa victoire, lui faisant une haie d'honneur des fleuves jusqu'au sommet de la colline. Enmerkar avait chassé la bête seul et de face. Descendu sur la rive des Mille-Soleils à l'heure où les fauves buvaient à la rivière, la lance du roi avait blessé le ciel, ce dont témoignaient les deux trous rouges aux flancs de l'animal. Seule tête dépassant de la foule, Damù sautillait d'une épaule sur une autre en évitant de justesse le fouet du porte-glaive.

Le jour se levait. Bientôt l'heure de dire adieu à la terre. Puisqu'il fallait mourir, les villageois commençaient la plus belle fête jamais vue pour les moissons du nouvel an. Non, il ne restait rien dans les réserves. Même la mort qui rôdait serait invitée au banquet. On danserait sous son nez. Mille odeurs flottaient dans l'air. Les dattes et les grenades, le miel, le lait caillé, les épices. Les vendeurs de bétail avaient ouvert les enclos des brebis, lesquelles allaient et venaient partout dans les ruelles. Les colporteurs installaient leurs étals au milieu des sculptures. Marchands, bandits, caravaniers, artisans et prêtres s'étaient mêlés aux villageois. Ils étaient venus de toutes parts assister aux fêtes de Dul-Ku, puis marchander sur la grande foire. Certains exposaient des objets méconnus, comme par exemple une roue. Il y avait même un splendide araire, avec un soc de cuivre. L'attraction de ces halles, c'était Bur-Gul, le graveur lacipide des temples, fils de Puzur-Ninkarrak lui-même fils de Kanati : il fabriquait devant les curieux ses sceaux cylindres en lapis-lazuli, des colliers, des bracelets. Un attroupement s'était constitué autour d'un auroch, une bête qui valait plus cher qu'un esclave. Un chasseur vantait à la criée le gibier d'eau pris dans les marais. Le boulanger sortit ses jarres de farine, ses tonneaux d'orge, de blé, d'épeautre, de millet tandis que la fileuse fabriquait des tissus de chanvre, de laines et de lin.

Sur les versants de la colline, les festivités aussi avaient commencé. Le cortège – musiciens, jongleurs, amuseurs, danseurs et marionnettistes – accompagnait le pas lent du roi, dont la marche était fermée par le grand échanson et le chef des charmeurs de serpent. Tous avançaient ensemble vers la petite lucarne où, de toute sa hauteur, Nisaba Šum-usur les observait tandis que Damù, sur son épaule, épluchait une banane.

D'un coup, les quatre porteurs hissèrent haut la dépouille du lion encore chaud.

On eût dit que la bête morte respirait.

Qui aurait pu soupçonner qu'ici on se préparait à mourir ?

TABLETTE 45

Les voiles de Dul-Ku volaient autour des danseuses dont les épaules nues et bronze luisaient de sueur. Dans les hauts jardins d'Eana jusqu'aux ruelles des contreforts de Kullab, la fête battait son plein. Les hommes – arborant masques de dieux ou de démons – badinaient aux bras des femmes qui avaient bagué leurs doigts de longs rubans d'étoffe, si légers qu'à chaque mouvement des mains ils dispersaient des lumières colorées dans le ciel. Tous criaient d'une même voix :

– Dul-Ku, les moissons !

Les danseurs rivalisaient de figures au rythme des tambours et des cornes. Les baladins s'élançaient pour de grandes roues auxquelles succédaient leurs bonds, pirouettes, cabrioles, arabesques. Les clowns gambadaient, sautillaient, trépignaient, faisaient mine de s'emmêler les pieds avant de s'affaler de tout leur long sur les étals de fruits, ce qui faisait râler les forains. Quant aux enfants, ils étaient pour l'heure regroupés autour d'un chasseur rentré de sa battue avec un petit ours trouvé seul dans la forêt. L'homme massif, comme taillé dans un tronc d'arbre, agitait un pot de miel au-dessus de l'ourson qui se dressait sur ses pattes arrière, relevant haut son museau et vacillant d'une marche incertaine. Le temple, dont on aurait dit qu'il flottait sur l'horizon, arborait une toiture cuivrée qui chantait sous le ciel. Eana se capait de clairières, de lumière, de rubans d'acacia, de coteaux parfumés.

Un haut feu éclairait la place des brasseurs occupés à choisir l'orge pour la bière. Les bergers de Kullab faisaient boire le lait de leurs brebis aux voyageurs fatigués. Les métayers emplissaient des coupes de légumes et de fruits, dont certaines furent emportées par Ninpiriggaldim pour les offrandes. Damù s'occupait quant à lui de sauter de jarre en jarre, chiper des fèves, des dattes, et tout ce qu'il trouvait. Ainsi, il s'arrêta près du brasseur, goûta la bière, la regoûta dès que le brasseur eut tourné le dos, et une fois encore, même après s'être fait taper sur les fesses.

La musique inondait les ruelles. Les femmes du Levant valsaient en rond comme des soleils crachés. Šum-usur entra dans la danse, et aussitôt les danseurs la placèrent au centre du groupe. Son corsage couvert de sueur se souleva d'une respiration saccadée. Elle reprit son souffle avant d'enchaîner des roues qui firent le tour de la Terre. Fusant parmi les applaudissements et les sifflets de la foule, un appel soudain l'interpella :

– Nisaba-Šum-usur !

Elle stoppa net, n'entrevoyant qu'une silhouette fuyante. La voix grave s'était éloignée sans attendre de réponse, ne laissant derrière elle qu'une cape évanouie. C'était lui, le tisserand du Mudhif qui l'avait appelée. Sa poitrine battait à tout rompre. La foule reprit en chœur le mot lâché par celui qui déjà s'était dérobé dans les rayons du soleil :

– Nisaba-Šum-usur !

Dans le crépuscule, au centre du cercle, elle poursuivit sa danse, obsédée par cette voix et cette présence qu'elle appelait si fort de ses vœux depuis quelques jours. Les voiles rouges autour de ses mouvements la frôlaient quand soudain, par l'arrière, deux mains précises la saisirent par la taille. Se retournant, ce même regard… Le tisserand du Mudhif était là, contre elle, à un souffle de ses lèvres.

Il était là puisqu'il faut connaître l'amour avant de quitter le monde.

TABLETTE 46

Kergara[1], le berdache[2] d'Eana, regardait le jeune couple danser. Les jambes nues de Šum-usur se plièrent, se déplièrent sous le regard brûlant de l'homme à la cape de lin. Devant l'assemblée des spectateurs, le tisserand plaqua Šum-usur contre sa poitrine, tour à tour l'éloigna, la colla contre son torse ample puis la fit tourner à nouveau loin de lui. Sa cape légère volait chaque fois qu'il la prenait dans ses bras. L'éternité vacillait autant que la danse de ces deux corps qui s'étourdissaient.

Soudain, Kergara sortit de l'ombre. Dans la pénombre, sa silhouette se découpa, lumineuse. La musique se tut. La foule se figea. Venu pour célébrer la cérémonie du passage, Kergara s'apprêtait à parler. Le rite marquait l'initiation des adolescents – pour l'occasion appelés sagursag – passant de l'enfance à l'âge adulte. Kergara ordonna à Šum-usur de se ranger parmi les adolescents qui sagement attendaient sur le côté. Le tisserand alors se détacha de Šum-usur après une caresse sur sa joue.

---

1. Kergara : berdache qui officie aux rites d'initiation de tous les jeunes.
2. Berdache : « comme une femme » ; homme-femme aussi appelé « être aux deux esprits ». C'est également le terme argotique pour désigner un homosexuel ou un travesti.

Au premier rang sur la terrasse, Enmerkar dissimula péniblement son émotion devant ce peuple qui dansait sa mort. Il serra fort les doigts d'Irnini puis attira machinalement la main de la reine sur son genou.

En maître de cérémonie, Kergara prit la parole. Il raconta comment Enki – le père des dieux – avait façonné le berdache dans la crasse du dessous des ongles, puis l'avait envoyé dans la contrée des ombres pour qu'il ramenât Irnini à la vie. Il expliqua comment – en signe de reconnaissance pour avoir rempli sa mission – il se fit offrir ensuite ses armes préférées par Enki : couteaux et poignards que pour cette raison Kergara maniait aujourd'hui avec le plus grand art.

Le récit achevé, les jeunes s'approchèrent en défilant à flanc de colline dans les rayons de lune qui se reflétaient sur les zébrures rouges et noires du temple. Ils n'attendaient qu'un signe de Kergara pour donner libre cours à la danse, un signe qui vint enfin.

Rapides comme l'éclair, les jeunes garçons bondirent au milieu de l'assemblée. Leurs mouvements étaient vifs. Brûlants comme des flammes. Brillants comme la gloire. Les jeunes filles les rejoignirent, parées de fleurs et de parfums. Leurs gestes aériens déployaient des corps souples, félins. En cet instant ils ne pensaient plus ni à la guerre ni à la misère. Ils oublièrent que la lumière allait finir. Ils oublièrent cette mort qui les guettait. Šum-usur, le cœur léger elle aussi, dansait, dansait, dansait. Le tisserand l'entraîna dans la ronde contre lui avant de disparaître. Puis revint. À nouveau elle le perdit, puis le retrouva. Comme les autres garçons, il était vêtu d'habits masculins au côté gauche, d'habits féminins au côté droit. Les novices arboraient des cheveux teints en plusieurs couleurs, parsemés de grains de blé, et rejetés en arrière. Les jeunes hommes mimaient entre eux un âpre duel : le duel de la vie, de la mort, du désir, de la jalousie. Ils se battaient. Se relevaient. Se frappaient, simulant des blessures mortelles. Tout à coup, le berdache s'imposa au milieu de la scène, brandissant un poignard rouge qui éclaboussa l'assemblée. Šum-usur était couverte de sang. Le berdache la poussa dans la foule qui la repoussa à son tour, rejetant son corps mince entre les bras d'hommes inconnus. Le visage dégoulinant de sang et prise de tournis, tout à coup elle réfugia sa tête dans ses mains.

Le peuple d'Eana maculé, purifié par le sang, était en transe. Brutal silence qui acheva la cérémonie du passage : le tisserand calma d'un geste la foule. Les pans longs de sa cape flottaient au vent. Šum-usur se plaqua contre sa poitrine.

Il n'était venu ni trop tôt ni trop tard. Comme un fils du moment : juste quand il le fallait, juste à temps, avant qu'il ne reste que des cendres.

TABLETTE 47

Dul-Ku était terminé. En maîtresse de cérémonie, Irnini éteignit les feux de la fête, coupant court à la joie. Ensuhgirana n'avait pas perdu une minute. Sitôt Dul-Ku achevé, les olifants avaient retenti au lointain d'Aratta. Les colporteurs, voyageurs et badauds aussitôt avaient commencé à plier bagage. Quelques charrettes débordantes cahotaient déjà en direction du Karûm, le quartier des affaires. Les forains finissaient de ranger les derniers étals. Le silence était seul maître désormais. Sans un mot, les villageois rangeaient leurs affaires. Tout juste échangeaient-ils quelques regards. Sitôt prêts, ils s'éparpillaient, s'enfuyant ou cherchant à s'abriter dans le lieu le plus sûr avant que n'arrivent les soldats.

Šum-usur passa la tête par le fenestron. Le jardin du temple était encore tapissé par les milliers de grains de blé de Dul-Ku. La colline craquait sous le pas pressé de ceux qui s'enfuyaient loin d'ici en sinuant entre les statues blanches. Soudain, dans le lointain à quelques lieues s'éleva un rideau de fumée noire. Ensuhgirana d'Aratta venait d'embraser les canaux, les digues, les berges où les flammes crevaient l'azur. L'île aux Mille-Soleils se couvrit d'un voile rouge dont le drapé mouvant s'avançait dangereusement. Ce n'étaient pas les roseaux qui brûlaient : c'était une cité, un passé, un avenir, l'horizon tout entier.

**
*

Damù faisait un raffut terrible en ronflant. Il dormait sur le rebord du toit au-dessus de la lucarne. Hier soir, le brasseur l'avait ramené, fou de rage :

– Ton ouistiti, avait-il dit à Šum-usur, ton ouistiti a l'âme aussi noire que son poil. Imagine-toi qu'il a bu la bière de tous les fonds de jarre.

On n'avait jamais vu pareil comportement chez un singe. Et ce n'était pas tout, en fin de journée l'orge avait fermenté, et Damù était ivre. Au point que lorsque le brasseur l'avait raccompagné, il marchait de travers. Il hoquetait et rotait à tout-va, le poil mouillé de bière. Alors forcément, il cuvait à présent.

Les villageois guettaient l'attaque des soldats d'Aratta qui bientôt déferleraient dans les rues. Chacun espérait :

– Que tout aille vite maintenant !

Les pentes étaient étrangement silencieuses. Deux papillons blancs entrèrent par la fenêtre de Šum-usur. Ils se posèrent sur l'horloge à eau près de la natte en lin. Puis s'envolèrent, tourbillonnant dans une infinie danse nuptiale. Tous les caravaniers s'en étaient déjà retournés sur les routes, fuyant la guerre. Les artisans d'Eana avaient regagné, eux, leurs échoppes. Les prêtres étaient remontés vers le temple. Les villageois attendaient, barricadés chez eux. Les relents âcres des incendies firent tousser quelques mendiants, qui couchés dans la poussière, se relevèrent pour trouver un autre abri de fortune.

Enmerkar et Irnini depuis la terrasse regardaient le paravent ambulant des flammes dans les roseaux.

Nerveux, ils guettaient le retour des trois gardes envoyés en reconnaissance qui enfin apparurent sur le seuil de la terrasse.

– Viens jusqu'ici soldat !

– Enmerkar, toutes les digues sont en feu.

– Y a-t-il assez d'hommes pour les défendre ?

– Non. Il est trop tard pour les réseaux d'irrigation.

– Et pour le reste ?

– La colline d'Eana ne risque pas de brûler. Les fleuves en bas sont un rempart sûr contre le feu. En revanche…

– En revanche ?

– Des hordes de guerriers venues d'une autre contrée, proche d'Élam, ont rejoint les rangs d'Aratta. Ces sauvages, ligués aux soldats d'Ensuhgirana n'attendent qu'un signal pour lancer l'assaut à l'intérieur de nos remparts.

– Crois-tu, toi qui les as vus, que nous ayons nos chances ?

– Ensuhgirana est plus puissant que jamais. Les guerriers sont aussi nombreux que les étoiles.

Le silence s'abattit sur l'assemblée.

– Je le répète : tout l'enjeu, dit Irnini, est de soumettre Aratta sans violence. Ruse, intelligence : le sacrifice sans le sang.

– Mais comment donc ? s'énerva Enmerkar. Te rends-tu compte que nous n'avons plus de temps pour ces énigmes ridicules… ?

– Oui, justement ! Vite, que Bur-Gul, Ninpiriggaldim et Šum-usur nous rejoignent dans ta chambre, Enmerkar. L'heure est venue de pénétrer le secret de Ninpiriggaldim. Le fendre comme on fend une bûche de bois. Le fêler. L'ouvrir. Le désunir du monde. Il faut faire vite car le temps presse, quand il ne presse plus pour ceux qui désespèrent.

La colline immobile couvait l'horizon des yeux. L'automne – qui d'habitude blanchissait la lumière – assombrissait le ciel d'une chape de fumée. Bientôt on ne verrait plus que des cendres là où jadis dansaient les roseaux.

Šum-usur se dirigea vers la chambre du roi d'où l'appelait Irnini. Damù – enfin dessoûlé – sauta sur l'épaule de sa maîtresse, et tout en l'accompagnant lui épouilla la tête de puces imaginaires.

Qu'adviendrait-il du pays innommé ?

Au pied de la colline, la terre simplement brûlerait.

TABLETTE 48

– *Une dernière fois, Ninpiriggaldim…*

Dub-sar s'interrompit pour préciser à son maître :

– Ibbi-Sîn, ce fut l'ultime requête d'Enmerkar à Ninpiriggaldim ; ce que l'apkallu a dit ce soir-là dans sa chambre au roi d'Eana fut exposé non plus dans l'intimité mais devant Bur-Gul, Nisaba Šum-usur, Irnini… Ninpiriggaldim avait tant d'aveux à faire, qui l'étouffaient depuis si longtemps..

Ibbi-Sîn, impassible, ne lâchait pas des yeux la mer ni les soldats sur le rivage qui attendaient. La nuit doucement s'éclaircissait en s'avançant vers l'aurore. Le dernier roi d'Ur invariablement paraissait ce simple adorant présentant sa corbeille et ses prières aux dieux. Dub-sar reprit le récit d'une voix douce :

– Une dernière fois, Ninpiriggaldim, assieds-toi au bord de mon lit d'or. Bur-Gul et Šum-usur sont avec nous. Parle. Irnini nous apprend que tu sais le secret qui pourra nous sauver. Parle, Ninpiriggaldim. Parle enfin, même à demi-mot. Même doucement, nous entendrons, le vent ne souffle pas ce soir.

Sur cette demande, la silhouette vaporeuse du batelier s'assit au bord du lit. Puis la bouche couverte de ce voile bleu qui le drapait tout entier, il commença son récit d'une voix cassée :

– Ce que j'ai à dire – ce secret qui a conduit le destin d'Eana – oui ce secret-là, tout le monde le connaît dans le fond de son cœur. Il a guidé les actes de chacun d'entre nous plus ou moins consciemment. Tout a commencé du temps de Meski'ag-gašer. Ton père, Enmerkar, voulait sortir son peuple de la misère où elle était. C'était son obsession : la prospérité de la cité d'Eana. Un jour se présenta l'opportunité de conclure un pacte commercial avec un opulent royaume de marchands dénommé Aratta, dans le pays d'Élam. Il ne connaissait rien de ce royaume, si ce n'est que ses montagnes étaient bleues, que ses habitants s'appelaient les têtes noires, et que son roi Ensuhgirana était capable de colères à même, prétendaient les sages, de faire déborder la rivière Halil et même l'Indus. Les accords entre les souverains furent conclus. C'était une aubaine pour Eana de se frotter ainsi au soleil de la richesse. Tout alla si vite qu'un beau matin, le peuple d'Eana bouche bée vit surgir dans le golfe des eaux amères sept bateaux aux rames longues qu'actionnaient en rythme des têtes noires. L'expédition fluviale venait finaliser les accords commerciaux. À peine débarqués, les marins avaient déployé leurs bonnes intentions, déchargeant des pierres bleues, du miel, des tissus, des céramiques peintes. Des offrandes à ne plus savoir qu'en faire, et que le capitaine demanda de remettre en personne au roi d'Eana en gage d'amitié du seigneur Ensuhgirana. Rendu devant Meski'ag-gašer, l'émissaire avait alors expliqué que son roi sollicitait l'ouverture des ports aux navires marchands d'Aratta et la conclusion d'un pacte d'amitié entre les deux pays. Après de brèves négociations, Meski'ag-gašer avait accepté les termes du pacte. Il avait ouvert les ports fluviaux de l'Idiglat et du Buranun, aussi bien que ceux du golfe près des marais de roseaux, offrant ainsi des comptoirs commerciaux et un statut privilégié à Aratta. En contrepartie, et à chaque accostage de bateau, Aratta s'obligeait à remplir d'offrandes les granges vides de Meski'ag-gašer. Ce système de primes était une chance inespérée pour Eana, Aratta regorgeant d'une opulence infinie. Ce ne sont pas moins de trois comptoirs commerciaux qui marquèrent le début d'une belle relation marchande entre Eana la pauvre et Aratta la riche.

Les réserves d'Eana jusque-là anémiques furent bientôt abondantes. Rien ne lui manqua plus. Elle regorgeait à présent de tout : bêtes de somme, brebis, pierres précieuses, bois d'ébène, épices, denrées alimentaires, onguents et herbes médicinales. Voici comment pour la première fois, grâce à Meski'ag-gašer, Eana s'était ouverte au monde par-delà le désert des nomades. Ouverte aux échanges et à la richesse. Tout le monde de longues années durant, n'eut qu'à se satisfaire de ce commerce. Longtemps, tout se passa sans anicroche. Eana était devenue prospère au point qu'elle avait ouvert à son tour un comptoir au pays d'Ensuhgirana. On peut l'affirmer : tout se passa mieux que bien. Cependant, au terme de l'accord conclu, l'obligation faite au roi d'Eana – laisser voguer librement les navires d'Ensuhgirana jusqu'à ses comptoirs installés dans les ports d'Eana – cette obligation de Meski'ag-gašer était assortie d'une clause pénale implacable : tout manquement obligerait la partie défaillante à livrer à son cocontractant bafoué le prochain né de sang royal, pour le sacrifier dans le fleuve. C'était le prix à payer en cas de violation des accords passés. Or un intrigant arpentait déjà les couloirs du pouvoir aux temples d'Eana. Tout le monde connaît celui qui est aujourd'hui rendu au soleil des montagnes : Lugalbanda. À l'origine simple berger de la cour, Lugalbanda était devenu chef militaire d'Eana, cela tant par l'effet de sa pugnace ambition que du fait – il faut bien l'avouer – de Meski'ag-gašer dont l'intérêt pour les affaires séculières avait diminué proportionnellement à son implication croissante dans la divination et les affaires spirituelles du royaume. Depuis trop longtemps en effet, le roi prêtre s'occupait davantage d'être un prêtre que d'être un roi. Aussi Lugalbanda avait-il gagné en autorité sur les armées. Quand Meski'ag-gašer s'en rendit compte, il était trop tard ; le roi, craignant des mouvements insurrectionnels ici ou là, tenta bien d'écarter le Lugal du pouvoir, mais ce fut sans succès. Lugalbanda reprit sans mal son titre de général des armées d'Eana, installant au surplus un gouvernement militaire qui exerça un pouvoir avec lequel il faudrait désormais que Meski'ag-gašer compte. Alors se dégradèrent peu à peu les relations commerciales entre Aratta et Eana par la seule faute du Lugal qui viola les accords entre les deux cités. D'abord, un ordre de Lugalbanda interdit aux bateaux d'Eana de quitter les rives des fleuves, puis à ceux d'Aratta d'entrer dans le port, et même aux armateurs de construire des bateaux. Bientôt, Eana se ferma tellement aux échanges que ses ressources à nouveau se tarirent. Les crues du fleuve donnèrent le coup de grâce à cette longue descente vers sa pauvreté retrouvée.

– J'ignorais tout cela, Ninpiriggaldim, mais…

– Patience, patience, écoute donc la suite, Enmerkar. La suite, Irnini la connaît qui donna le jour à un enfant sans que personne – hormis moi et ton père Meski'ag-gašer – ne sache qu'un enfant était né. Sur l'île aux Mille-Soleils, chez Ku-Baba la cabaretière, Irnini alla se cacher de longs mois.

– Un enfant, mais de qui ?

– Ton enfant, Enmerkar.

– Alors, c'est donc vrai, le prince d'Aratta est mon fils ?

– Laisse-moi finir.

Ninpiriggaldim reprit son souffle. Tout le monde était tenu en haleine. Même Damù avait arrêté de sauter sur le lit d'or.

– Je te rappelle qu'au terme de l'accord commercial, le dernier-né du sang de Meski'ag-gašer aurait dû mourir. Meski'ag-gašer qui tenait à l'honneur de la parole donnée pour autant ne voulait pas que ton enfant (son petit-enfant) soit assassiné par l'ennemi. Pourtant si Ensuhgirana apprenait l'existence de ce nouveau-né, il était en droit de demander l'application de la sentence. Pour résoudre cet impossible dilemme, Meski'ag-gašer choisit de sacrifier lui-même le nourrisson puis de se donner la mort. Lui qui aimait pardessus tout son peuple n'avait trouvé que cette solution pour s'amender. Il mit le nouveau-né dans le berceau, plaça le berceau sur sa tête et alla dans la mer avec lui. Dans le couffin, il plaça aussi la tablette aux Destins sur laquelle était gravé ce dessin :

– Alors, mon enfant est mort tué par la main de mon père ?

– Finalement non, Enmerkar. Juste à temps, je suis arrivé sur la rive aux Mille-Soleils. Certes le roi était mort lui, déjà englouti sous les flots, mais pour le reste j'ai sauvé l'enfant avec qui je me suis enfui loin d'Eana. C'était ce fameux jour, jour de ton sacre où tu me cherchas des yeux sans me voir… Ma pirogue n'était déjà plus qu'un point sur la mer…

– Où es-tu parti avec le bébé ?

– Je devais partir le plus loin possible. Les villageois avaient cru à un accident, et je tenais à ce qu'ils continuent de le croire et ne jugent pas leur roi pour son crime. Quant à l'enfant, la priorité était qu'il survive. Paradoxalement, c'est à Aratta que je l'ai emmené. Je parlais bien la langue du pays d'Élam, j'avais été émissaire auprès d'Ensuhgirana, lequel continuait de m'apprécier malgré ses dissensions avec Meski'ag-gašer. Et puis, dans cette opulence, je savais que l'enfant ne manquerait de rien.

– A-t-il survécu, ce bébé ?

– Oui, grâce au lait de la nourrice du palais d'Aratta, qui lui a donné le sein durant les premiers mois.

– Ensuite tu l'as repris avec toi ?

– Oui, je l'ai emmené avec moi sur les routes de ma vie nomade. Moi et celle qui entre-temps devint ma femme lui avons tout donné comme ses vrais parents. De temps à autre, nous faisions même une visite au palais d'Aratta où l'enfant jouait avec le prince.

– Ce n'est donc pas le prince, cet enfant ?

– Non. La rumeur a induit bien des confusions. La vérité est celle que je te dis.

– Je ne te suis plus : s'il n'est pas mon fils, pourquoi le prince d'Aratta a-t-il voulu me rencontrer, alors ?

– Pour simplement te proposer la paix, et rencontrer Irnini…

– Mais qui est cet enfant pour finir ?

– Vient le plus difficile à dire… Je dois d'abord la vérité à Šum-usur : c'est Eana qui a massacré sa tribu. Je te le confirme aujourd'hui, petite. J'en pleure encore des larmes de sang : ils sont tous morts, et ce fut bien – ainsi que tu en avais l'intuition – ce fut bien sous l'épée des soldats d'Eana emmenés par Lugalbanda. Ils sont tous dans la contrée des ombres, Šum-usur… Ton frère, ta mère, toute la tribu des tentes de nomades.

La vérité qu'elle cherchait depuis de si longs mois venait de tomber. Ils étaient tous morts, et par le crime des soldats d'Enmerkar. Tandis qu'elle sanglotait dans le silence, alors Enmerkar demanda, la voix tremblante :

– Mais où est-il, aujourd'hui, mon enfant ? Réponds-moi à la fin, Ninpiriggaldim, qui est-il ce fils que j'ai tant attendu ?

Alors Ninpiriggaldim, tout en continuant de parler lentement défit les tours du voile bleu qui enroulait son visage. Sa voix se fit plus claire au fur et à mesure qu'il déroulait le tissu :

– Ce n'est pas un fils. Ton enfant, Enmerkar, en réalité ce n'est pas un fils. Dans le berceau de roseaux rouges que j'ai sauvé du sacrifice se trouvait une petite fille que j'ai appelé Šum-usur.

Quand il eut dit cela, son visage entier se découvrit. C'était bien lui le roi de la tribu du désert des nomades ; c'était bien lui son père adoptif, le seul père qui comptât jamais pour Šum-usur.

Un cri sortit de l'outre-tombe. Le ciel s'en souvient, qui n'avait pas entendu la voix de Šum-usur depuis si longtemps. Oui, Šum-usur en découvrant le visage de son père cria d'un cri qui déchira la terre.

TABLETTE 49

– *L'heure est venue.* Je ne te demande qu'une chose, mets ton masque blanc, et accomplis ce que tu devais. Tiens ce couteau, Šum-usur : fais couler de ma gorge une rivière rouge. Tue-moi comme tu l'avais promis devant le peuple d'Eana puisque moi Enmerkar, j'ai tué les tiens…

Enmerkar et Nisaba-Šum-usur se faisaient face sur la terrasse. Le roi lui tendit un poignard dont elle empoigna la lame, brillante sous l'agonie sauvage de la nuit. Les villageois gardaient les yeux levés ; ils comprirent ce qui arrivait. Ils comprirent l'honneur qu'il y avait pour Enmerkar de se laisser punir. Ni le roi ni personne ne trouveraient rien à redire devant le châtiment. Avoir faim, ce n'est pas manquer d'honneur. La fierté de sa conscience : voilà au moins ce qui reste comme richesse aux humbles gens.

Devant le silence de Šum-usur, le roi insista :

– Fais-le ! Maintenant nous savons tous avec certitude que ce sont mes soldats qui ont massacré ta tribu. C'est à cause d'eux que la vengeance d'Aratta va déferler sur nous d'ici à quelques heures. L'heure de ta justice est venue. Tue-moi comme tu l'avais dit. Tue-moi avant la guerre et parce que tout va finir. Tue-moi surtout parce que je t'ai tout pris.

Elle pleura en mettant son masque. Au travers des orifices des yeux, des larmes roulaient sur les joues de pierre blanche :

– Moi Šum-usur, oui je me rappelle mes mots d'autrefois, alors que je te voyais pour la première fois et ignorais que tu étais mon père. Je m'entends encore te dire : « Je revêtirai ce masque. Alors ton peuple saura que l'heure est venue pour moi de tuer son roi. » Même ton peuple accablé de misère qui nous regarde à cet instant en bas, lui aussi se souvient, et t'approuve… Mais…

– J'ai échoué en tout. Le feu a brûlé mon règne, ma fortune et mon peuple. Et toi mon enfant, je t'ai fait plus de mal qu'à personne. J'ai mis ta vie en miettes… Tue-moi.

– Non, dit-elle en ôtant le masque sur son visage.

– Tue-moi, tu me délivreras !

– Je parle, entends-tu ? Des mots sortent à nouveau de ma bouche, et c'est pour te dire : non ! Non ! s'écria-t-elle.

Alors, Šum-usur fit tourner le poignard dans sa main.

**
*

La foule demeurait toujours en arrêt. Que faisait Šum-usur ? Elle demanda à Bur-Gul de lui apporter une tablette d'argile fraîche. À côté de la tablette, elle retourna son masque blanc pour laisser voir sa face interne. À l'intérieur de la pierre apparaissaient les trois symboles, toujours les mêmes :  , plus deux autres signes, que chacun découvrait, ceux-là, pour la première fois[1].

De la pointe du couteau, Šum-usur alors recopia scrupuleusement d'abord les trois signes déjà vus sur l'avers de la tablette d'argile fraîche en commençant par la colonne de gauche pour finir par celle de droite. Puis – retournant verticalement la tablette de bas en haut – elle en incisa le revers[2] pour y noter les deux nouveaux signes découverts dans le masque, allant cette fois de la colonne droite vers la gauche[3]. Elle s'appliqua à reproduire trait après trait les deux signes nouveaux contenus à l'intérieur du masque, lesquels disaient : « KAK.àm ».

Pour finir, Šum-usur leva la tête d'un air satisfait. Devant l'air interloqué de ceux qui l'avaient regardée creuser l'argile molle, personne autour d'elle ne semblant comprendre, Šum-usur exposa simplement :

---

1. Les deux autres signes – authentiquement trouvés sur une tablette – sont « KAK.àm ».

2. Les premiers textes pictographiques obéissaient presque toujours à cet ordre d'écriture : avers en colonnes, de gauche à droite puis après avoir retourné la tablette verticalement de bas en haut, changement de sens en commençant par la colonne de droite pour terminer à gauche. Il existe quelques exceptions, mais assez rares, si bien que si les archéologues rencontrent une tablette de cette époque qui n'obéit pas à ces règles ou que la tablette se retourne comme les pages d'un livre, cela leur fait soupçonner un faux. (Voir *La Naissance des écritures*, pp. 50 *sqq.*, et note ci-dessous).

3. Les premiers signes d'écriture, tracés dans la brique crue avec un calame de roseau, le furent donc d'abord en colonnes verticales, avant de l'être (milieu IIIe millénaire environ) horizontalement et de gauche à droite. Ce changement s'explique par un changement de support puisque, aux petites tablettes d'argile qui tenaient dans la main succédèrent des tablettes plus grandes, posées à plat sur un support autre que le prolongement naturel du bras. En effet, continuer d'écrire de haut en bas et de droite à gauche risquait d'effacer les lignes plus basses et/ou les signes de droite. La pratique des scribes donc s'entérina, qui écrivirent désormais horizontalement de gauche à droite.

– Il nous faut un sacrifice. Le sacrifice est une fête, une rencontre entre l'âme et les dieux, seule à même – au bout de notre nuit – de nous rendre le jour. Comprenez-le : quel sacrifice offrir sans victime expiatoire ? Voilà le seul qui nous est offert : l'acte qu'on appelle « écrire ». Écrire est le sacrifice qu'il faut à la liberté des hommes : ni sang, ni victime, ni violence. Par l'incision, le calame agit comme un sacrifice symbolique sur l'autel de la tablette : saignées la tyrannie, l'humaine impuissance, la barbarie…

Šum-usur reprit :

– La parole dessinée est la seule qui dure. Elle demande trois choses simples en somme pour s'accomplir : un peu d'argile, de roseau et du feu. Les mots ainsi écrits peuvent exprimer la pensée la plus subtile et même extraire les guerriers du charnier lourd où ils marchent. Par exemple ce mot que je viens de graver sous vos yeux, pourvu qu'il soit porté à Ensuhgirana, ce mot *KAK.àm* le fera abdiquer. Vous ne me croyez pas ? *KAK.àm* est un mot à double sens : Gu.sum šà sud.rà, une énigme en somme. De ces énigmes dont les gens ici sont friands. *KAK.àm*, cela désigne d'abord le « clou enfoncé », ce clou que l'on plante dans les fondations des maisons pour marquer la propriété, voire dans la langue des hommes qui ne tiennent pas parole. Dans son premier sens, *KAK.àm* marque donc la contrainte du droit. *KAK.àm*, c'est autre chose aussi : le clou au sens de « coin », de signe ; ce signe même que mon calame vient de graver dans la tablette. Si écrire marque le paradoxe, la subtilité, la diversité du monde, il n'empêche que d'emblée le scribe engage sa promesse et son nom, comme la force contre soi. D'un côté les mots gravés offrent aux hommes enfin prise sur le réel ; d'un autre, face à cette liberté nouvelle de décider de leurs destins, les scribes supporteront le poids – nouveau lui aussi – de la responsabilité. Le langage est-il autre chose qu'une façon d'être et d'agir dans le monde ? Parler, penser, écrire sont des actes qui ordonnent les choses. Écrire est un commencement, une initiation. Écrire, c'est grandir. Alors, oui face à pareille puissance, Ensuhgirana devrait reconnaître sa défaite.

Bur-Gul demanda :

– Mais lequel de ces deux mots notre adversaire prononcera-t-il à la lecture des paroles sur la glaise ?

– Justement : *KAK.àm* en désignant deux choses devient un mot imprononçable. Même Ninpiriggaldim aurait la bouche trop lourde pour dire les mots de la tablette… C'est cela l'ordre impérieux du scribe : ramener la vie à l'indicible, au silence et par là renouer avec l'intériorité des choses, des dieux et des promesses dites. La tablette est un tison brûlant, une magie. Aussitôt qu'Ensuhgirana la lira, il sera pris par la puissance du verbe, sans échappatoire possible. Faites ce que je dis, et tout ira bien…

– Que faut-il faire, concrètement ?

– Ninpiriggaldim, pour la dernière fois, tu vas retourner à Aratta avec cette tablette gravée. Ensuhgirana verra les paroles déposées sur l'argile, et il se soumettra.

De fait, c'est ce qui arriva. Ninpiriggaldim retourna à Aratta. Ninpiriggaldim, en se présentant devant Ensuhgirana, demanda au seigneur d'Aratta qu'il accorde à sa cité moribonde l'ultime chance de faire vaincre l'intelligence. L'apkallu convainquit Ensuhgirana, lui disant qu'il boirait le sang de la victoire avec d'autant plus de délectation s'il usait de mansuétude à l'égard de sa pauvre ennemie. Ensuhgirana, sûr de sa supériorité, accepta cette ultime joute de l'esprit, insistant tout de même : ce serait là le dernier essai d'Enmerkar ; il n'y en aurait plus d'autre quoi qu'il arrive, et après l'échec d'Enmerkar, les épées d'Ensuhgirana transperceraient sans compter le cœur des hommes d'Eana.

Ninpiriggaldim alors tendit à son contradicteur la tablette gravée par Šum-usur. Le seigneur d'Aratta pâlit. Il n'avait jamais vu cela. Des paroles étaient déposées sur l'argile[1]. Par quelle magie, quel secret, quelle puissance des dieux ? Pas seulement des mots images : non, des signes qui disaient des idées et aussi des sons ! Trois signes qui emportaient tout : Ki En Gi, puis deux autres KAK.àm… Le message était ponctué par cette injonction : « sag.ki mi.ri. da.àm »[2], lesquels signes suffisaient à faire des paroles de la tablette un commandement impérieux. Même si Ensuhgirana à cet instant ne déchiffra pas le sens de tous ces symboles ensemble – notamment les trois mots  KI EN GI – il avait cerné l'essentiel : il venait d'être soumis par la force du verbe. À la seule vue de cette glaise rouge, Ensuhgirana comprit qu'il avait tout perdu. Au terme de la joute magique de la ruse et de l'intelligence, le seigneur d'Aratta abdiqua sur-le-champ. Voilà comment un bout de roseau parvint à sauver Eana de sa mort annoncée.

1. La tablette retrouvée dit précisément : « Il regarda l'argile et fronça les sourcils ; les mots étaient des coins !… Jusque-là personne n'avait déposé les paroles sur l'argile… » (Élisabeth Le Breton, *Du verbe à l'écrit*, p. 3) puis ajoute : « Le seigneur d'Aratta prit /reçut du messager son four. Le seigneur d'Aratta regarda l'argile, la parole dite, c'était « KAK.àm sag.ki mi.ri. da.àm ». Le seigneur d'Aratta demeura dans la contemplation de son four » (Jean-Jacques Glassner, Écrire à Sumer, pp. 31 *sqq*.).
2. L'expression, selon Jean-Jacques Glassner, qualifie en effet la parole de la tablette « réputée être un commandement impérieux » (*ibid*., p. 34).

**
*

Le soir même, Enmerkar fut retrouvé mort au pied de son lit d'or. Ninpiriggaldim en entrant dans sa chambre découvrit le roi étendu sur le sol, son épée à la main. Il gisait baignant dans une mare de sang. Le roi dont l'épée faisait lever l'aurore s'était tranché la gorge. Quant à Irnini, elle partit sur les routes et on ne sut jamais ce qu'elle devint. Enmerkar et Irnini : deux destins liés, deux tragédies nouées par le secret. Finalement aujourd'hui deux êtres qui faisaient, chacun à leur manière, l'apprentissage de la honte. L'un partait, l'autre mourait : tous deux quoi qu'il en soit fuyaient loin de ce qu'ils étaient, loin de ce malheur dont ils se croyaient – à tort sans doute – infiniment coupables. Apprendre la honte, c'est bien cela la tragédie éternelle.

**
*

Les jours, les saisons passèrent. Les villageois recouvrèrent peu à peu la liberté et la richesse. Ils goûtèrent à nouveau de beaux printemps. Šum-usur et Ninpiriggaldim décidèrent l'union des cités voisines d'Eana et de Kullab. La nouvelle cité-État s'appellerait Uruk. Le temps y coulerait comme un rire d'enfant.

Sur la haute terrasse, à la place de la statue volée que jamais on ne retrouva, Nisaba et le tisserand firent édifier une statue neuve d'Utu, puis construire l'école de la tablette où nombre de jeunes gens apprirent l'art du calame sous l'œil exigeant de Ninpiriggaldim.

Un jour cependant, les crues revinrent. Elles furent dévastatrices. Les eaux se déchaînèrent et emportèrent la grande, la belle cité urukéenne dont les enfants avaient appris à déposer les paroles sur l'argile. Personne ne survécut.

Sur une tablette d'argile rouge, Šum-usur avait gravé ces mots :

Fils du moment, il fallait que je t'écrive. Avant que les eaux me submergent... Je t'ai vu. J'ai vu ta cape en lin léger. J'ai dansé devant toi, les reins cambrés, les seins durs de désir. Ces émotions avant m'étaient inconnues. Il fallait que j'écrive. Les flots nous menacent et dans l'urgence je veux te dire... Tout cet amour, nous l'emporterons dans la contrée des morts. Je parle à nouveau, te rends-tu compte ? Grâce à tes caresses, je ne suis plus Šum-usur la muette. Regarde Eana sur la butte ronde : elle s'élève droite et blanche comme un téton vers le ciel. Quant à Kullab, elle est un anneau de maisons qui sertit à sa base Eana, et qui caresse, embrasse, tète sans vergogne le mamelon dressé avant de se laisser glisser en contrebas pour mourir à la croisée des fleuves.

Les roseaux dansent là-bas sur la mer ; leurs hautes ombres s'agitent dans le vent. Le soir tombe. De l'autre côté de la muraille blanche, la lumière meurt entre chien et loup. Par l'ouverture du soupirail, j'épie le soleil qui fond dans le lit des marais. Damù fait des pirouettes sur le toit. Je regarde l'horizon, et je pense à ce qu'Enki le dieu de la Fortune me dira quand je lui ferai face dans la contrée des morts, dès lors que les vagues menaçantes nous auront submergés. Il me dira que ma vie fut faite de chance puisque quelqu'un – dans l'ombre de ce que je croyais mon malheur – n'avait jamais cessé de veiller sur moi.

Te rappelles-tu quand j'avais perdu la parole ? Les mots cognaient la chamade à l'orée de mes lèvres scellées. J'ai cru ne plus parler, jamais ; pour mieux suivre ceux que j'aimais dans leurs tombeaux. Faire taire nos légendes pour moi revenait à mourir. J'étais en exil de moi-même. Pourtant voilà : l'ombre bleue de Ninpiriggaldim veillait sur moi… Je n'en savais rien. Sait-on jamais la force des prières qui s'élèvent pour nous ? Sa lumière appelait ma lumière ; sa présence m'exhortait à tirer l'espoir du puits de mon cœur pour le faire surgir du noir comme ces histoires racontées autour du feu sous les étoiles. La première fois que j'ai écrit – ignorant ce que je faisais – ce sont ce silence et cette lumière qui m'ont attirée.

Puis je t'ai rencontré. Grâce à tes baisers, à ton désir qui appelle mon ventre, grâce à ton sourire, j'ai parlé à nouveau. Je t'aime. J'apprends à nos enfants le piristu – ce secret des dieux qu'est l'art du calame. Je leur apprends ce que je sais, comme je peux… Je fais d'eux des initiés, car finalement ce que me demandera Enki quand je mourrai, ce n'est pas : pourquoi n'as-tu pas été quelqu'un de puissant, une reine vêtue d'or, un juge craint, ou même Nisaba la déesse du grain ? Non. Ce que me demandera Enki, c'est : pourquoi n'as-tu pas été Šum-usur, « celle dont le nom est protégé » ?

Regarde Eana et Kullab, avant que l'eau ne les emporte ! Réunies sous le nom d'Uruk, ne font-elles pas la plus belle cité du côté de l'Orient ? Comme ces cités jumelles, toi et moi ensemble sommes un monde nouveau. Je ne suis plus qu'une âme appelée par tes mains. Je ne suis plus que ce corps qui te réclame, comme le Ciel veut la Terre. Je suis ce sein qui se durcit sous ta bouche, juste avant qu'il n'en coule du lait pour nos enfants. Je suis ce qui reste quand on s'est dépouillé de tout… Je suis…

L'amour : c'est cela la fortune des semeurs de soleils.

Ce soir-là, comme Šum-usur l'avait pressenti, la crue violente recouvrit Eana.

TABLETTE 50

Je soussigné Meski'ag-gašer, né du côté de l'Orient, revenu à Eana ma terre natale après une crue nouvelle des fleuves.

Qui se cache derrière mon nom ? Meski'ag-gašer : un roi légendaire ou historique ? Le premier souverain d'après le déluge ou juste un semeur d'argile ? Un apkallu ? Peut-être le soleil qui « alla dans la mer et disparut » – comme le raconte l'épopée ? Allez, ne cherchez pas davantage… Car si je vais par les chemins où marchent les hommes de mon temps, je m'avancerai toujours vers eux avec le masque d'Uruk. S'il vous plaît, vous qui m'avez cru mort, vous qui n'avez pour rêve que d'élever des tours, consentez ce mystère.

Recueillez mon testament que voici.

J'ai marché sur le chemin du retour. Cherchant à rejoindre mes enfants que le déluge avait emportés. Pour revenir ici, j'ai longtemps erré. Le chemin n'en finissait pas. J'ai longé Aratta où des chants guerriers scandaient l'ombre. J'ai traversé le désert des tentes de nomades puis la forêt des cèdres. Au-delà des écueils, je me suis arrêté sur l'île aux Mille-Soleils avant de passer l'horizon. À Eana, la route était morte.

Arrivant, j'ai vu que les flots avaient englouti le pays d'entre les fleuves. Dans la plaine, on ne discernait plus qu'une mer étale, flamboyant sous le crépuscule. Les boutiques et les maisonnées d'Eana étaient noyées, la colline disparue sous les eaux, les dieux sous la boue.

Restent quelques rares vestiges de la cité, parsemés comme des taches sur le miroir de l'eau. Le parterre de la taille d'une barque en mosaïque de cônes rouges et noirs ; le toit aussi de l'école des scribes dépassant de la surface des eaux, et où quelques oiseaux picorent ici et là les limons échoués en emplissant le silence de leur cri aigu.

Le masque blanc tournoie, lui, dans un tourbillon d'eau déchaîné. Je vous le lègue. C'est tout ce que je possède.

Le déluge nous a volé le Temps. Mon message – celui que j'avais laissé sur la tablette aux Destins – dort à jamais dans les ruines de l'Histoire. Avec ses trois signes : 

Ki la terre.

En le maître.

Gi le roseau.

Ensemble Ki En Gi : la terre maîtresse du roseau, autrement appelé Kalam en sumérien, Kalam signifiant « le pays » une fois encore Gu.sum šà sud.rà : une fois encore un double sens dont les gens d'ici décidément aiment à jouer. Calame et Kalam : tout à la fois le stylet et le pays.

Ki En Gi qu'on appellera de bien d'autres façons : Chinéar[1], *et plus tard Sumer*[2].

Sumer... Sumer... Écoutez comme ce nom murmure. Sumer... Sumer comme le commencement du monde. Sumer, le pays maître du roseau dort ce soir sous les eaux.

Heureux que ma terre ait un nom, je pars vers la lumière. Tout passe. Meski'ag-gašer, Enmerkar : qui se souviendra des rois semeurs de soleils ? Sur le trône d'Uruk bientôt montera l'illustre Gilgamesh, fils de Lugalbanda. Puis après lui, d'autres souverains. Dans bien longtemps – quand le pays se nommera l'Irak et ses fleuves Tigre et Euphrate – je sais que la beauté de la terre là-bas sera dévastée car les hommes n'auront rien retenu du masque blanc d'Uruk.

Sommes-nous jamais au début ou à la fin du monde ? Le vent rouge du crépuscule balaye l'onde, incendie la mer, puis agite les roseaux en bataille, cambrés vers le ciel sauvage pour y boire des mots épurés. Ma silhouette scintille sur le miroir frissonnant de l'eau, tout comme la fortune se joue de la misère ; et l'éternité danse, debout sur le tombeau des hommes.

---

1. Chinéar : nom figurant dans la Bible (Genèse et écrits des prophètes) et que beaucoup ont identifié comme Sumer, ou à défaut la Babylonie.
2. Sumer : le terme Sumer est un peu postérieur puisqu'il vient de l'akkadien Sumeru qui traduit à la fois les deux mots sumériens Ki En Gi et Eme.Gi (langue sumérienne). Les plus anciennes mentions de ces termes ne sont donc pas antérieures à 2600 avant notre ère, alors même que les Sumériens écrivaient depuis plusieurs siècles déjà.

TABLETTE 51

Quand Dub-sar eut prononcé la dernière phrase de son récit, Ibbi-Sîn le remercia d'un regard brouillé de larmes. La nuit avait cédé la place à l'aurore. Déjà les pas des soldats couraient sur les remparts.

Ibbi-Sîn, assis sur son trône, continua malgré le bruit des pas d'offrir son visage à la lumière, face à la mer et les bras ramenés sur sa poitrine. Au cours de ce récit, tout avait semblé impassible. Le portrait du roi avait conservé sa fixité de roche : yeux immobiles, larges arcades sourcilières, pommettes saillantes, menton carré et lèvres serrées. Sa tiare, de forme haute et cylindrique, toujours enserrait son front. Son crâne était aussi lisse que les pierres polies par le vent. Les boucles de sa barbe retombaient, sur son poitrail comme des boucles de marbre. Impassible aussi la furie de la mer avant son lent reflux. Sur les solides montants du trône, les vagues avaient paru sans cesse venir se jeter aux pieds du roi – dont les orteils nus dépassaient sous l'étoffe unie de sa robe. Rien de tout cela au cours du récit de Dub-sar ne semblait avoir bougé.

Tandis que les soldats approchaient, Ibbi-Sîn assis offrait, encore et toujours, son visage à la lumière, les mains jointes sur son torse. Oui il ressemblait à un orant faisant offrande aux dieux ; mais l'offrande de quoi ? Celle d'un défi tranquille sans doute, à l'injure des hommes et la violence du temps.

Dub-sar, le visage empli de larmes approcha de son maître, pour simplement se tenir près de sa chaleur. Ils savaient tous deux. Après le temps des mots s'amorçait l'ère d'un long silence.

Marseille, Bois-Luzy
juin 2007 – 22 juillet 2009.

Postface

Il aura fallu cinq années afin que la lie du récit se forme : Sumer n'était pas ou si peu romancée. Les ouvrages qui lui étaient consacrés étaient à quelques exceptions près des ouvrages scientifiques, ardus pour une profane. Bref, un monde entier était à créer ou recréer, selon les cas. Partant, j'entrevis quelle serait la prouesse : marcher sur un fil tendu entre archéologie et roman, entre liberté créatrice et respect de la science. Qui plus est, si solides qu'elles soient, les données des historiens n'en étaient pas moins parcellaires et lacunaires, ces dernières provenant souvent de fragments de tablettes. Alors marcher sur un fil, oui, mais cela parfois confinerait à évoluer au-dessus du vide…

Aussi la méthode fut celle-là : lire, trier, vérifier, compulser, relire, revérifier… est-il besoin de continuer ? Les données historiques servant de points d'appuis au récit, combler leurs lacunes et interstices par la langue, juste la poésie de la langue. Enfin, pour que le lecteur puisse identifier ce qui résulte de la poésie et ce qui résulte de l'histoire avérée, un avant-propos autant que les notes de bas de page éclairants.

Telle est l'essence profonde de la démarche qui au surplus se veut fidèle au souffle des épopées et des personnages historico-légendaires dont les Sumériens avaient honoré les tablettes. L'esprit autant que la lettre donc ; voici à cet égard, en complément de la liste des données archéologiques de l'avant-propos, quelques données du panthéon sumérien.

Panthéon

• ENKI (EA en akkadien). Enki est un dieu majeur du panthéon sumérien : responsable de la création de l'homme, non seulement il est un dieu civilisateur (patron des arts et des techniques), mais encore se fait un devoir de protéger les mortels contre les fléaux divins, nombreux car les dieux en principe étaient responsables des diverses calamités qui affligeaient l'humanité. Il assume son rôle de protection souvent par sa ruse et son intelligence, lesquelles le rendaient au surplus indispensable aux autres grands dieux. Par exemple, c'est lui qui – sans trahir ouvertement l'assemblée des dieux – avertit Atra-hasîs du péril du Déluge. Il est réputé, à l'époque antédiluvienne, avoir appris aux hommes les sciences et techniques par l'intermédiaire d'Adapa et autres sages apkallu. Dieu des eaux douces souterraines, il habite Eridu, la plus ancienne ville mésopotamienne. Enfin, dans le mythe « Inanna et Enki », il est le maître des Me, lesquels se définissent comme l'essence profonde des choses qui font la civilisation dans tous ses aspects ; Inanna, dans la mythologie sumérienne, volera les Me à Enki, par ruse et pour les introduire à Uruk. À noter enfin qu'il forme une triade divine aux côtés d'Enlil et An et qu'on le reconnaît dans l'iconographie aux filets d'eau jaillissant de ses épaules.

• UTU : dieu patron du Soleil, de la Divination et de la Justice, terme sumérien dont l'équivalent akkadien est Sâmâs.

• NANNA : en akkadien, SÎN, dieu de la Lune, fils issu du viol de la déesse Ninlil par le dieu du Vent Enlil, ce qui valut à ce dernier d'être temporairement banni aux enfers. De son épouse Nin.Gal, Nanna a eu comme enfants Inanna (Irnini) et Utu.

• TIAMAT : la Mer, déesse Mère universelle. Entité primordiale d'eau salée qui, en mêlant ses eaux salées à Apsû l'entité d'eau douce, donnera naissance à la première génération des dieux qui composent le fonds sumérien du panthéon mésopotamien. Elle représente la stabilité face à la fougue des « jeunes dieux ». Elle est partagée en deux lors de la création du monde, une partie de son corps servant à fixer la voûte terrestre, l'autre pour asseoir un amas de terre flottante où séjourneront les humains (ses seins et son visage pour poser les montagnes, de ses deux yeux sortant le Tigre et l'Euphrate). Peu ou prou, cette mythologie correspond à la vision sumérienne de l'univers : une plateforme terrestre flottant sur la mer environnante.

Prospective

Les fouilles archéologiques récentes de Jiroft, en Iran ont mis en évidence l'existence d'un royaume inconnu vieux de 5 000 ans, aux vestiges d'une beauté à couper le souffle. En février 2002, Youssef Madjidzadeh, archéologue franco-iranien, est appelé à la prison de Kerman dans le sud-est iranien afin d'identifier et évaluer des centaines d'objets saisis par les douaniers iraniens : des vases, des statuettes, toutes sortes d'objets en chlorite, en marbre, décorés de turquoise, de marbre, de lapis-lazuli qui témoignent d'une civilisation majeure identifiée par l'archéologue comme étant peut-être... Aratta. La réalité dépasserait pour le coup la fiction ! « Alors que des strates de civilisations successives s'étaient accumulées sur Sumer, la rongeant de ses déserts d'oubli, la nature de Jiroft s'est perpétuée avec exubérance dans son éternité heureuse. S'il fut un Éden, il a peut-être jailli là. L'homme de Jiroft, comme celui de Sumer, a la chance de vivre parmi les eaux salvatrices. Il fallait l'Euphrate pour créer une société et une écriture, il a fallu le Halil Roud (fleuve coulant à Jiroft) pour inventer, un peu plus tôt, une esthétique et, peut-être, une philosophie » (M. Gozlan).

Sumer, une terre littéraire

Il s'agissait aussi, nous l'avons dit, de replonger dans Sumer, la source littéraire.

Comment ? Ne faire que prononcer son nom puis s'endormir avec elle : Sumer, Sumer. Respecter le souffle de l'épopée et les images bibliques. Reprendre, formellement les tablettes telles que les titraient les Sumériens : « Les tablettes n'avaient pas de titre comme nos livres. Elles étaient classées par leur incipit, c'est-à-dire par les premiers mots de l'ouvrage. “Lorsqu'en haut le ciel n'était pas nommé, qu'ici bas la terre n'avait pas de nom...” (Extrait du poème de la création, appelé “Enuma elish” ; “Lorsqu'en haut”, incipit akkadien », Élisabeth Le Breton, *Du verbe à l'écrit, La naissance de l'écriture en Mésopotamie*, p. 5, voir bibliographie.)

Pourquoi ? Parce qu'à Uruk furent trouvées les plus anciennes traces d'écriture dignes de ce nom. Le premier récit de l'histoire – l'épopée de Gilgamesh – est sumérien et pose déjà le thème littéraire entre tous de l'éternité. Le présent récit se place avant Gilgamesh, pour mieux signifier que Sumer est la source, même oubliée. La source n'appartient-elle pas au fleuve ? Il fallait retrouver le jaillissement premier. Il ne s'est pas laissé découvrir ainsi et si j'ai senti quelques frémissements, de grands jaillissements restent à surprendre d'autres archéologues, d'autres aventuriers des mots aussi. Modestement j'ai dégagé la voie qui était la mienne : celle de la langue, après que d'autres avant moi avaient exhumé – des années, voire des siècles durant – de pauvres et inestimables fragments de tablettes. Sans le travail des archéologues, je n'aurais rien pu faire. Qu'ils en soient remerciés. Il faut croire qu'à l'image de « L'homme qui écrit (et qui) n'est plus qu'un appareil de transmission. », comme le disait Joseph Kessel, l'archéologie est aussi une belle allégorie de la tradition. Elle peut constituer un chemin d'initiation au même titre que la littérature, ce qui fait dire à l'un d'entre eux (Savino Di Lernia) : « L'archéologie est bien la plus noble des recherches, par sa minutie elle nous inculque la patience, par l'interprétation que l'on doit faire de nos découvertes, la sagesse. »

Ce récit se trouve volontairement en lisière de l'épopée et du roman, du mythe et de l'archéologie, de la légende orale et de l'écriture pour une simple mais incontournable raison : le cadre spatio-temporel induit un jeu de va-et-vient permanent entre ces données car Sumer est sur la frontière du Temps.

Couler l'oralité et l'écriture au fil d'une veine identique, mais pour mieux déceler le mécanisme lent qui fit basculer l'une vers l'autre… Les engouffrer ensemble dans une même trame narrative, pour mieux les séparer. Un pari. Une aubaine. Une expérience d'écriture sur le thème même de la naissance de l'écrit. Entrelacement de l'art (de nombreuses œuvres authentiques ont servi le récit, qui se trouvent annexées pour cette raison au fil du roman), de l'archéologie et de la mythologie telle qu'elle ressort des tablettes exhumées de la terre.

Sumer, drapée d'une part d'ombre plus résistante aux archéologues que sa voisine égyptienne, porte avec le masque d'Uruk une merveilleuse allégorie de la poésie. Il faut creuser profond pour faire jaillir la lumière, « par le très long chemin par où sort le soleil », et afin de « rendre visibles les mots invisibles » (Jean-Jacques Glassner). Il s'agissait de restituer cette initiation, et plus avant la quête de l'autre que recèle toute littérature.

Sumer offre une allégorie sans pareille de la quintessence poétique : un brûlot, une terre à conquérir – celle de l'indicible, un lien avec l'invisible et le sacré, le pont entre nos instincts les plus archaïques et l'épanouissement d'un humanisme au cœur de la civilisation avancée. Entre signe et dessin, entre les mains rupestres peintes sur une caverne et la dernière police de Windows – immatérielle et inscrite sur la « toile du net », entre les mots gravés (ce que Hugo appelait les lettres d'Orphée) et les impalpables mots circulant dans l'air du Web, quelle différence ? La séparation n'est pas si grande : sous toutes ses formes, le signe parle de sens caché, la langue toujours s'étire et craque sous le souffle du narrateur. Non, rien n'a changé, et c'est tant mieux. Plus encore, l'immatérialité nouvelle de l'écrit, ces e-books devenus volages n'annoncent-ils pas paradoxalement un retour à la légende et aux mythes fondateurs ?

**
*

Internet tuera-t-il le livre ? Comment ne pas achever cette postface par ces mots étonnants du chapitre II du livre V de *Notre-Dame de Paris* intitulé : « Ceci tuera cela », s'entend « L'imprimerie tuera l'architecture » ? Changeons (dans la démonstration de l'auteur) l'imprimerie par Internet et l'architecture par le livre papier… et écoutons Hugo : « La pensée humaine en changeant de forme allait changer de mode d'expression […] le livre de pierre, si solide et si durable, allait faire place au livre de papier, plus solide et plus durable encore […]. L'imprimerie tuera l'architecture […]. Le livre va tuer l'édifice. L'invention de l'imprimerie est le plus grand événement de l'histoire. C'est la révolution mère. C'est le mode d'expression de l'humanité qui se renouvelle totalement, c'est la pensée humaine qui dépouille une forme et qui en revêt une autre c'est le complet et définitif changement de peau de ce serpent symbolique qui, depuis Adam, représente l'intelligence.

Sous la forme imprimerie, la pensée est plus impérissable que jamais : elle est volatile, insaisissable, indestructible.

Elle se mêle à l'air. Du temps de l'architecture, elle se faisait montagne et s'emparait puissamment d'un siècle et d'un lieu. Maintenant elle se fait troupe d'oiseaux, s'éparpille aux quatre vents, et occupe à la fois tous les points de l'air et de l'espace. Nous le répétons, qui ne voit que, de cette façon, elle est bien plus indélébile ? De solide qu'elle était elle devient vivace. Elle passe de la durée à l'immortalité. On peut démolir une masse, comment extirper l'ubiquité ? Vienne un déluge, la montagne aura disparu depuis longtemps sous les flots, que des oiseaux voleront encore [...] et le nouveau monde qui sortira de ce chaos verra en s'éveillant planer au-dessus de lui, ailée et vivante, la pensée du monde englouti. »

Paroles visionnaires.

S.-E. S

Remerciements

Je tiens à mentionner tout particulièrement Jean-Jacques Glassner pour le regard qu'il a consenti à porter sur mon travail. Regard précieux tout à la fois d'un chercheur (directeur de recherche au CNRS, notamment sur l'écriture cunéiforme. En 2006 paraissait sous sa direction la version anglaise du Dictionnaire archéologique de la Bible), d'un professeur (enseignant à l'École des hautes études en sciences sociales, il a également enseigné aux universités de Genève, de Poitiers, de Strasbourg, de Jérusalem). Enfin, regard d'un assyriologue qui a lui-même traduit et commenté les tablettes d'argile exhumées à Uruk. Qu'il soit remercié tout spécialement pour une chose : sa simplicité et sa gentillesse qui n'ont eu d'égales que son désir perceptible de transmission.

S.-E. S.

Annexe

Du pictogramme au phonogramme

Pour bien comprendre, prenons un exemple dans notre langage : l'arc.

Le pictogramme : il s'agit du dessin de l'objet qui évoque l'arc lui-même.
L'idéogramme : il peut aussi traduire les idées qui nous viennent à l'esprit quand nous voyons un arc : la guerre, la chasse.
Le phonogramme : cette fois, le signe est utilisé pour son arc que l'on entend, par exemple dans les mois : arcade, archange, arc-en-ciel.

Évolution des signes à travers l'évolution du geste

	3300 avant J.-C Signes précunéiformes tracés	2400 avant J.-C Signes cunéiformes imprimés	700 avant J.-C Signes cunéiformes imprimés, schématisés
LÚ l'homme			
ŠÀ cœur			
A l'eau			
KI la parcelle de terre			
DINGIR l'étoile			
DUB la tablette			

On observe vers 2400 avant J.C une bascule des signes. Le scribe, par commodité semble-t-il, fait effectuer à l'ensemble des signes une rotation d'un quart de tour. Cette étape est très déconcertante pour l'œil.

Bibliographie sélective

I. Nomenclature des ouvrages cités ayant servi de fonds documentaire sur l'écriture

ANDRÉ-SALVINI B., BERTHIER A., GEOFFROY-SCHNEITER B., ZALI A., *L'abcdaire des écritures*, Flammarion, Paris, 2000.

BONFANT E L., CHADWICK J., COOK B. F., DAVIES W. V., HEALEY J.-F., HOOKER J.T., WALKER C.B.F. *La Naissance des écritures. Du cunéiforme à l'alphabet*, Seuil, Paris, 1997.

BOTTÉRO J., *La Plus vieille religion en Mésopotamie*, coll. « Folio/Histoire », Gallimard, Paris, 2000.

BOTTÉRO J., *Mésopotamie : L'écriture, la raison et les dieux*, coll. « Folio/Histoire », Gallimard, Paris, 2002.

BOTTÉRO J., Kramer S. N., *Lorsque les dieux faisaient l'homme. Mythologies mésopotamiennes*, coll. « Bibliothèques des histoires », NRF Gallimard, Paris, 1989.

GASTER THÉODORE H., *Les Plus Anciens Contes de l'humanité (dont l'épopée de Gilgamesh)*, Éditions Payot & Rivages, 2001.

GLASSNER J.-J., *Chroniques mésopotamiennes*, Les Belles Lettres, Paris, 1993

GLASSNER J.-J., *Écrire à Sumer. L'Invention du cunéiforme*, Seuil, Paris, 2000.

GLASSNER J.-J., *La Mésopotamie*, Guide Belles Lettres des civilisations, Les Belles Lettres, Paris, 2002

GLASSNER J.-J., *Des dieux, des scribes et des savants. Circulation des idées et transmission des écrits en Mésopotamie*, Éditions de l'EHESS, Annales. Histoire, sciences sociales, 2005

HUOT J.-L., *Une archéologie des peuples du Proche-Orient*. T. I *: Des premiers villageois aux peuples des cités-États (X^e-IIIe millénaires av. J.-C.)*. T.II *: Des hommes des Palais aux sujets des premiers empires (IIe-Ier millénaires av. J.-C.)*, coll. « Civilisations et cultures », Éditions Errance, Paris 2004.

JOANNES F. (sous la direction de), *Dictionnaire de la civilisation mésopotamienne*, coll. « Bouquins », Robert Laffont, Paris, 2001.

KRAMER S. N., *L'Histoire commence à Sumer*, Arthaud, Paris, 1954.

LE BRETON E., *Du verbe à l'écrit : la naissance de l'écriture en Mésopotamie*, Musée du Louvre, paris, 2003.

PARROT A., *Sumer*, coll. « L'Univers des formes », Grandes Civilisations, NRF Gallimard, Paris, 1960 (éd. d'origine), Nouvelle édition en 2006, Préface d'André Malraux.

Et aussi

L'Aventure des écritures, Cahiers pédagogiques des expositions, Bibliothèque nationale de France, Paris, 1998

II. Autres indications bibliographiques

Histoire et civilisations

AMIET P., *L'Antiquité orientale*, 5e édition, coll. « Que sais-je ? », Presses universitaires de France, Paris, 1995.

CAUBET A. et POUYSSEGUR P., *L'Orient ancien*, Terrail, Paris, 1997.

GARELLI P., DURAND J.-M., GONNET H. et BRENIQUET C., *Le Proche-Orient asiatique*, I *: Des origines aux invasions des Peuples de la mer*, 3e édition, coll. « Nouvelle Clio », Presses universitaires de France, Paris, 1997.

GARELLI P. et LEMAIRE A., *Le Proche-Orient asiatique,* II *: Les Empires mésopotamiens. Israël*, 3e édition, coll. « Nouvelle Clio », Presses universitaires de France, Paris, 1997.

ROAF M., *Atlas de la Mésopotamie et du Proche-Orient ancien*, Brepols, Turnhout (éd. française), 1991.

Art et architecture

AMIET P., *L'Art antique du Proche-Orient*, Lucien Mazenod, Paris, 1977.

AURENCHE O. (éd.), *Dictionnaire illustré multilingue de l'architecture du Proche-Orient ancien*, coll. « Maison de l'Orient méditerranéen ancien », « Série archéologique », Lyon, 1977.

BENOIT A., *Les Civilisations du Proche-Orient ancien*, coll. « Manuels de l'École du Louvre », École du Louvre, Éditions de la Réunion des musées nationaux, Paris, 2003.

COLLON D., *First Impressions. Cylinder Seals in the Ancient Near East*, British Museum Publications, Londres, 1987.

FORGEAU A., MARGUERON J.-C., SALVINI M. et AMIET P., *L'Art de l'Antiquité*, II *: l'Égypte et le Proche-Orient*, Éditions de la Réunion des musées nationaux, Gallimard, Paris, 1997.

Catalogues d'exposition :

TALLON F. (dir.), *Les Pierres précieuses de l'Orient ancien. Des Sumériens aux Sassanides*, coll. « Les Dossiers du musée du Louvre », Éditions de la Réunion des musées nationaux, Paris, 1995.

Art of the First Cities. The Third Millenium B.C. from the Mediterranean to the Indus, Aruz, J. (éd.), New York, The Metropolitan Museum of Art, New York et Yale University Press, New Haven et Londres 2003.

Ouvrages détaillés par aires géographiques

Mésopotamie

André-Salvini B., *Babylone*, coll. « Que sais-je ? » Presses universitaires de France, Paris, 2001.

Glassner J.-J., *La Tour de Babylone : que reste-t-il de la Mésopotamie ?* « L'avenir du passé », Seuil, 2003.

Margueron J.-C., *Les Mésopotamiens*, Picard, Paris, 2003.

Parrot A., *Assur*, coll. « L'univers des formes », NRF Gallimard, Paris, 1961.

Thesiger W. *Les Arabes des marais, Tigre et Euphrate*, « Terre humaine », Plon, 1991.

Levant

Bordreuil P. et Briquel-Chatonnet F., *Le Temps de la Bible*, Fayard, Paris, 2000.

Briquel-Chatonnet F. et Gubel E., *Les Phéniciens. Aux origines du Liban*, coll. « Découvertes », Gallimard, Paris, 1998.

Gubel E. (éd.), *Catalogue du département des Antiquités orientales du musée du Louvre. Art Phénicien. La Sculpture de tradition phénicienne*, Éditions de la Réunion des musées nationaux/Snoeck, Paris/Gand, 2002.

Lipinski, E. (dir.), *Dictionnaire de la civilisation phénicienne et punique*, Brepols, Turnhout, 1992.

Catalogues d'exposition :

Gaza méditerranéenne. Histoire et archéologie en Palestine, ouvrage publié à l'occasion de l'exposition présentée à l'Institut du monde arabe, Paris, 2000.

Charles-Gaffiot J., Lavagne H. et Hofman J. M. (dir.).

Moi, Zénobie reine de Palmyre, Centre Culturel du Panthéon/Skira, Paris/Milan, 2001.

Anatolie

Bittel K., *Les Hittites*, coll. « L'Univers des formes », NRF Gallimard, Paris, 1976.

Desti M., *Les Civilisations anatoliennes*, coll. « Que sais-je ? », Presses Universitaires de France, Paris, 1998.

Klock-Fontanille I., *Les Hittites*, coll. « Que sais-je ? », Presses universitaires de France, Paris, 1998.

Iran

AMIET P., *Élam,* Archée, Auvers-sur-Oise, 1966.

BRIANT P., *Histoire de L'Empire perse. De Cyrus à Alexandre,* Fayard, Paris, 1996.

GHIRSHMAN R., *Iran : Parthes et Sassanides,* « L'Univers des formes », Gallimard, Paris, 1963.

POTTS D., *The Archaeology of Élam. Formation and Transformation of an Ancient Iranian State,* Cambridge World Archaeology, University Press, Cambridge, 1999.

Catalogues d'exposition :

HARPER P. O., ARUZ J., Tallon F. (éd.), *La Cité royale de Suse,* The Metropolitan Museum of Art, New York/Éditions de la Réunion des musées nationaux, Paris, 1994.

CHEVALIER N. (éd.), *Une mission en Perse,* musée du Louvre, Éditions de la Réunion des musées nationaux, Paris, 1997.

Regards sur la Perse antique, Le Blanc et Argentomagus, Brantôme, 1998.

Arabie

CALVET Y., ROBIN Ch. et Ali, *Arabie heureuse, Arabie déserte. Les Antiquités arabiques du musée du Louvre,* coll. « Notes et documents des Musées de France », 31, Éditions de la Réunion des musées nationaux, Paris, 1997.

POTTS D., *The Arabian Gulf in Antiquity,* I *: From Prehistory to the Fall of the Achaemenid Empire,* II : *From Alexander the Great to the Coming of Islam,* 2e éd., Clarendon Press, Oxford, 1992.

Catalogue d'exposition :

Yémen. Au pays de la reine de Saba Institut du monde arabe, Flammarion, Paris, 1997.

Table des matières

Cet ouvrage a été imprimé par

CPI
Firmin Didot

Mesnil-sur-l'Estrée

pour le compte des Éditions Florent Massot
en août 2009

Imprimé en France

Dépôt légal : août 2009
N° d'impression : 96269